# K线
# 操练大全

## 1

**读懂K线秘诀，把握股市赚钱先机**

王孝明　肖翼◎著

白金版

SPM 南方出版传媒　广东人民出版社

·广州·

**图书在版编目（CIP）数据**

K 线操练大全：白金版．1 / 王孝明，肖翼著．— 广州：
广东人民出版社，2018.10
ISBN 978-7-218-12921-1

Ⅰ．①K… Ⅱ．①王… ②肖… Ⅲ．①股票交易－基本
知识 Ⅳ．① F830.91

中国版本图书馆 CIP 数据核字（2018）第 124071 号

K Xian Caolian Daquan: Baijinban. 1

**K线操练大全：白金版．1**

王孝明 肖 翼 著

**出 版 人：**肖风华

**责任编辑：**马妮璐 刘 宇
**责任技编：**周 杰 易志华
**装帧设计：**刘红刚

**出版发行：**广东人民出版社
**地 址：**广州市大沙头四马路 10 号（邮政编码：510102）
**电 话：**（020）83798714（总编室）
**传 真：**（020）83780199
**网 址：**http://www.gdpph.com
**印 刷：**三河市荣展印务有限公司
**开 本：**787mm×1092mm 1/16
**印 张：**16.5 **字 数：**227 千
**版 次：**2018 年 10 月第 1 版 2019 年 4 月第 2 次印刷
**定 价：**45.00 元

如发现印装质量问题，影响阅读，请与出版社（020－83795749）联系调换。
**售书热线：**（020）83795240

# 序 言

有一则源于《圣经·新约·马太福音》的寓言，故事的梗概是：主人出门远行时，分别给三个仆人每人一锭银子，让他们去做生意。待主人归来后，第一个仆人说："主人，我用你给的一锭银子，赚回了十锭。"于是，主人将十座城邑作为奖励赠给了他。第二个仆人则用主人给的一锭银子赚回了五锭，同时他也获得了主人奖励的五座城邑。而第三个仆人却说："主人，因为怕弄丢银子，我用手帕将它包起来了，并且保存得完好无损。"主人听后，命令第三个仆人将手中的一锭银子交给第一个仆人，说道："凡是拥有的，就要加倍地给他；而没有的，就要将他所剩下的也全部剥夺。"这就是赢家通吃的现象，即所谓的马太效应。

马太效应在股市中尤其明显，能赚到钱的股民会更加赚钱，能赚钱的上市集团也更能在市场中赢利。所以选股就要选择更能赚钱的企业，炒股就要跟着懂盘、会分析的高手去学习如何布局操作。

股市中从来不缺少创造各种奇迹的股民，股神巴菲特、股市神童胡立阳等都是在股市中创造过神话的人才。然而，这样的人才只占少数部分，多数股民都不具备独特的眼光和运气。

高手炒股之所以能不断获利，是因为他们不仅具有独到的眼光可以洞察市场的变化，还具备扎实的基本功以及清晰的布局思路。中国有句古话叫"授之以鱼不如授之以渔"，跟着高手学习炒股不如先学习股市中的基本规则和分析技巧。很多股民在股市中没有获利，反而被套牢，有的甚至倾家荡产，究其根源就是缺乏对基本规则和技巧的掌握，在不熟悉规则的情况下操作股票只能不断增加投资的风险。

炒股如同一门课程，而学习总要从最基本的内容开始，夯实基础才能在股市中站得更稳、走得更久。股票的入门基础就是熟悉并准确地运用K线。实战中，K线虽然是通过简单的图形结构表现出来的，但其中却蕴含着丰富的内容。K线不仅能够反映出市场的强弱，甚至能帮助投资者预测未来行情的变化。

人们对股票的分析往往从技术、市场、信息等方面入手，而这些内容均能在当天的K线中表现出来，因此K线便成为股市技术分析的基础。股票市场中，散户永远是弱势群体，同时也是比较吃亏的一方，但是若能熟练地掌握K线的使用规则，散户即使处于弱势地位，也能轻松搞定炒股操作，游刃有余地避开大多数风险。

在懂得K线分析的基础上，将其与其他分析工具或市场信息相结合，更能增加分析结果的可信度和准确性。K线不仅是股市中最具有杀伤力的武器，而且也是一种分析走势变化的最复杂的工具，因此对K线的学习尤为重要，股民需要对其进行仔细的研究。

鉴于K线在股票投资中的重要性，本书将围绕K线进行全方位、具体化的论述和讲解。每一个概念、每一个指标都有相应的基础速读和实战讲解，旨在通过各个板块更直观、更详细地向股民朋友们阐述K线的交易法则。

书中几乎涵盖了投资者在实战中会遇到的各种指标和形态，共两部分：

第一部分是学习篇，分为K线的特殊语言、组合形态、反转形态、整理形态以及量价关系五个章节。通过对这几个章节的学习，股民能清楚如何把握股票异动的先兆，如何透过行情预测未来的涨跌，以及如何找到最佳的买卖点位置。熟知这些内容之后，投资者就能轻易地避开各种陷阱。

第二部分是实战篇，主要介绍了移动平均线、MACD指标、KDJ指标等指标的交易法则。通过对这些指标的学习，同时配合书中对具体案例的讲解，股民便可以在实战中对其加以灵活运用。

为了达到学习并掌握K线的目的，书中不仅给出了最新的实盘案例，还配有大量的图片，可视化的阅读方式可以帮助读者减少学习过程中的枯燥和乏味，让一些理论化、抽象化的概念变得更加通俗易懂，使读者完成全书阅读后便能精通K线的分析方法，准确地把握市场动态，看到K线图即可形成清晰的布局思路。

股票交易的本质是一种随机性、概率性的博弈，我们无法确定行情的变化，也无法确定最终的结果。股票交易中，懂得顺势操作是最为重要的，投资者只有在K线不断变化的过程中发现趋势、找准方向，然后顺势操作，才能做到稳健交易。

无论是刚刚入门的新手还是成熟的股民，要想在充满不确定性的变化趋势中越走越远，就应该加强对专业知识的学习，熟练掌握K线中各个形态数据的特征，培养敏锐的市场洞察力，如此才能应对各种风险，不断地扩大盈利空间。

股市中没有人能够保证自己100%获利，但相信通过对本书的学习，读者朋友们定能在实战中正确地运用K线技巧，举一反三，获取更多的收益。

# 目录
Contents

## 实战篇　K 线交易法：洞悉 K 线，精准获利

# 第七章　MACD 交易法

# K线训练营：从零开始学K线

　　股票这门学问中，最重要的基础就是K线分析。K线是股民分析行情的重要工具，若不能熟练地掌握K线的相关知识，那么在实战操作中就很可能会掉入陷阱。股市复杂多变，靠运气只能让你获利一时，只有真正懂得K线的种种意义，才能不断获利。从基础开始，学习、探索K线涉及的每一个知识点，才能做股市中真正的赢家。

# 第一章

# K线：股市动向的特殊语言

虽然所有K线只有黑、白（红、绿）和长、短的差别，但是它们反映了股价的实时变化，还有未来可能的股票走势。K线走势的高低变化体现的是买方和卖方的博弈，想知道自己需要购入新股来加持股票还是卖出股票进行清仓，都需要根据K线的每日变化来进行判定。无论你是初入股市的新生力量，还是身经百战的炒股高手，技术分析工具中最常用、最直观的K线都是你必须了解的内容。只有了解了K线，你才能够学会看盘，才能进一步地学习如何判定股市未来的趋势。

# 第一节　总是听人说K线，K线到底是什么

## » 形态识别

（1）K线又被称为阴阳烛，最早起源于日本德川幕府时代（1603～1867年），当时的米市商人为了方便观察米价的变化波动而将每日的米价用阴阳烛这种方法记录下来，后来这种方式被引入股票和期货市场之中，因其标画方法细腻独到以及辨识简单直观而被广泛应用。

（2）单个的阴阳烛很容易读取，而且只代表某一天或某一段时间的变化趋势，但是当多个阴阳烛组合在一起时，就会起到一些预示作用。之所以称其为K线图，不是因为图形呈现字母K的形象，而是因为该种图形在日本原本被称为"罫线"（"罫"的日语读音为"kei"），为了方便使用，国外直接将之音译为"K线"。

（3）时至今日，相关的K线理论经过不断完善，已经有了一套较为严谨科学的理论成果。K线理论更被多国人民运用到各个领域，在股票、期货、外汇等方面更是作用突出。

## » 应对策略

（1）在各大股票分析软件中，K线图通常有两种形态，即分时走势图和K线走势图。

（2）投资者可以根据需要任意切换两种形态的K线图。

# 1. 分时走势图

### ▶基础速读

在每日的大盘中，只显示各个时点的内容，将它们连成一条线，就形成了分时走势图（如图1-1所示），可以用一个阴阳烛来表示。

图1-1  分时走势图

图例说明：

（1）此张走势图的股票名称。

（2）当天的开盘价。

（3）走势图中某一分钟的成交量。

（4）当天的收盘价。

### ▶实盘精解

从莱茵生物（股票代码：002166）的分时走势图上看，2017年8月7日该股开盘价为11.50元，收盘价为12.03元，14点30分的成交价格为12.03元，成交量为33275手（如图1-2所示）。

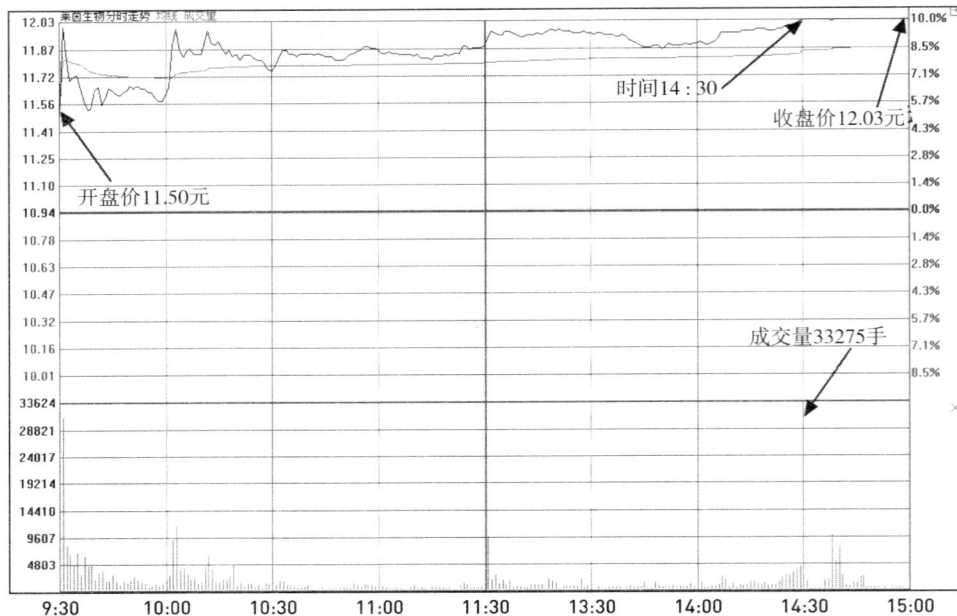

图1-2  2017年8月7日莱茵生物的分时走势图

## 2. K线走势图

▶ 基础速读

K线走势图反映的是一段时间内的变化，是一个整合的图集，让人可以更直观地了解整体的趋势，并给人以部分导向作用。图1-3展示了走势图中各类图案代表的含义，对应含义在图后简要说明。一个阴阳烛代表所示周期内的一天。

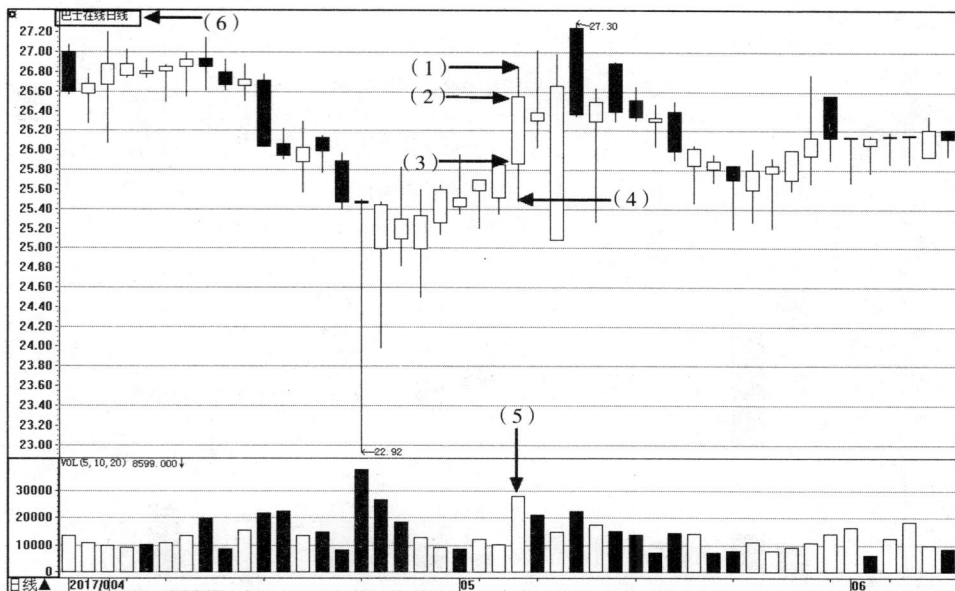

图1-3 K线走势图

图例说明：

（1）当天的成交价最高点。

（2）当天的收盘价。

（3）当天的开盘价。

（4）当天的成交价最低点。

（5）当天所对应的成交量。

（6）股票名称。

▶ **实盘精解**

从冀东水泥（股票代码：000401）的K线走势图中可以了解到，2017年8月2日开盘价为17.55元，收盘价为18.18元，最低价为17.20元，最高价为18.82元，当日成交量是230万手（如图1-4所示）。

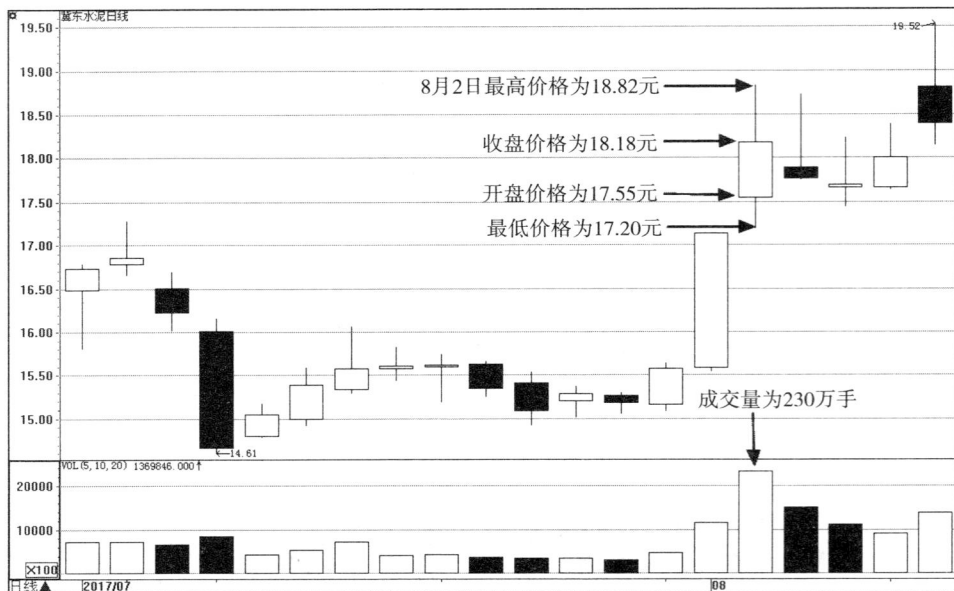

图1-4　2017年7月至8月冀东水泥的K线图

## ※ 高手如是说

1.K线图分为两种，一种是分时走势图，另一种是K线走势图。分时走势图显示的是一个交易日内每分钟股价的变化情况，而K线走势图显示的是一段周期内股价每天的变化情况。

2.在K线图中，一般情况下当天交易量的图柱颜色与上方的价格图柱颜色是相对应的，即黑对黑，白对白（在大盘中是红对红，绿对绿）。

# 第二节　阴阳K线的普通形态

## » 形态识别

（1）在K线图中，一个柱体代表一天内四个重要价格的变动情况。

（2）它将每天的开盘价和收盘价以及每天的涨跌情况全都绘制到了一个阴阳烛中，每天交易中的最高价和最低价也被表示在其中。

（3）K线图将股市每天繁杂的变化以一种简单明了的方式呈现给人们，可以让人一目了然。

（4）相较于其他的记录方式来说，K线忽略了股价变动过程中多种复杂的因素，只表现股价最基本的运行特征，具有简单实用、灵活度高的优点。

## » 应对策略

（1）K线被分为阳线和阴线，阳线代表涨势，阴线代表跌势。

（2）通常阳线用空心的白色柱体表示，阴线则用实心的黑色柱体表示。

（3）根据阴阳线不同的涨跌幅度，还可以划分大、中、小三种不同类型的阴阳线。

# 1.阳线实体

▶ **基础速读**

K线图中，内部没有填充的白色柱体叫作实体阳线，代表当日的收盘价高于当日的开盘价（如图1-5所示），通常实体阳线的出现意味着股票交易中买方的力量比较强盛。根据涨势的高低我们可以将其细分为大阳线、中阳线、小阳线。

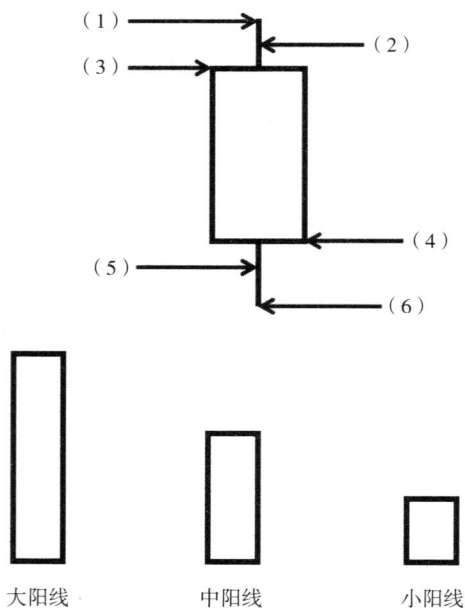

图1-5　阳线实体示意图

图例说明：

（1）阳线实体中的最高点，亦是一天中的股价最高点。

（2）阳线实体中的上影线，表示最高股价与收盘价的差距。

（3）阳线实体中的收盘价。

（4）阳线实体中的开盘价。

（5）阳线实体中的下影线，表示最低股价与开盘价的差距。

（6）阳线实体中的最低点，亦是一天中的股价最低点。

▶ **实盘精解**

从伊利股份（股票代码：600887）的K线走势图上可以很容易地找到大阳线、中阳线、小阳线的所在（如图1-6所示）。

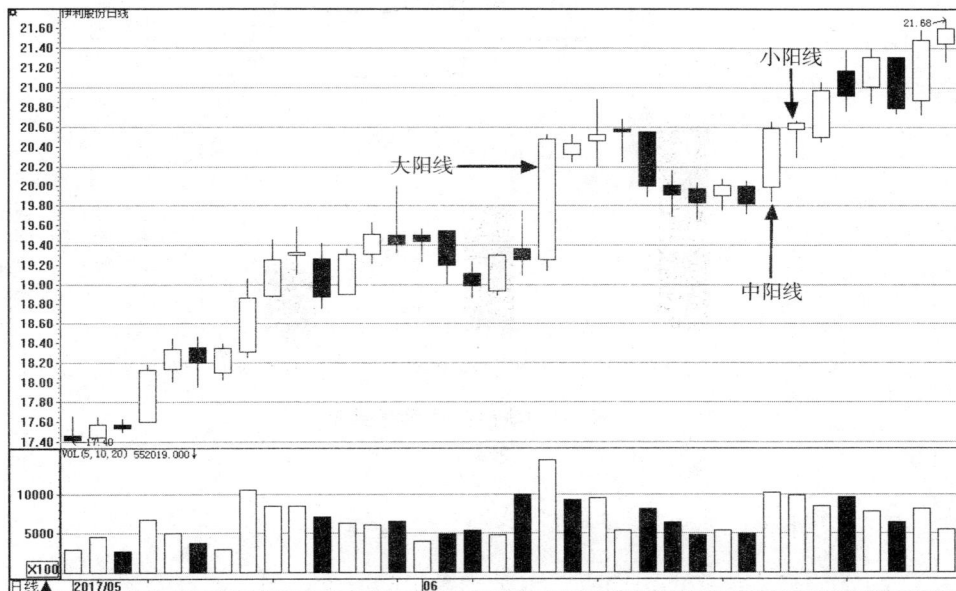

图1-6　2017年5月至6月伊利股份的K线图

## 2.阴线实体

▶ **基础速读**

K线中被黑色填充的柱体叫作实体阴线，当一天中开盘价高于收盘价时，就会以实体阴线来表示（如图1-7所示）。一般情况下它的出现说明股票市场中卖方的力量比较强盛。细分来说，和实体阳线一样，实体阴线也可以划分为大阴线、中阴线、小阴线。

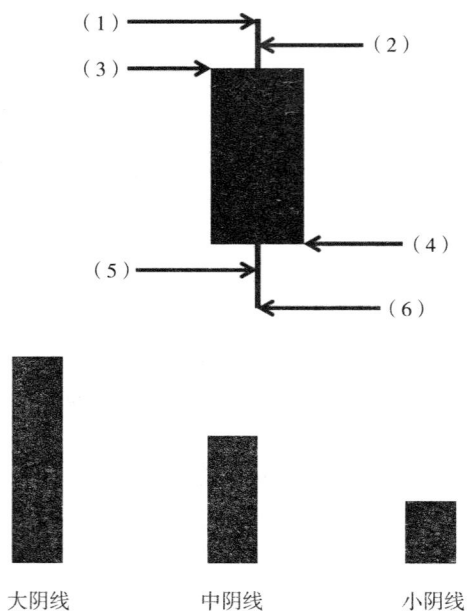

大阴线　　　　　中阴线　　　　　小阴线

图1-7　阴线实体示意图

图例说明：

（1）阴线实体中的最高点，也是一天中的股价最高点。

（2）阴线实体中的上影线，表示最高股价与开盘价的差距。

（3）阴线实体中的开盘价。

（4）阴线实体中的收盘价。

（5）阴线实体中的下影线，表示最低股价与收盘价的差距。

（6）阴线实体中的最低点，也是一天中的股价最低点。

▶实盘精解

从建投能源（股票代码：000600）的K线走势图中可以很容易地看到大阴线、中阴线、小阴线（如图1-8所示）。

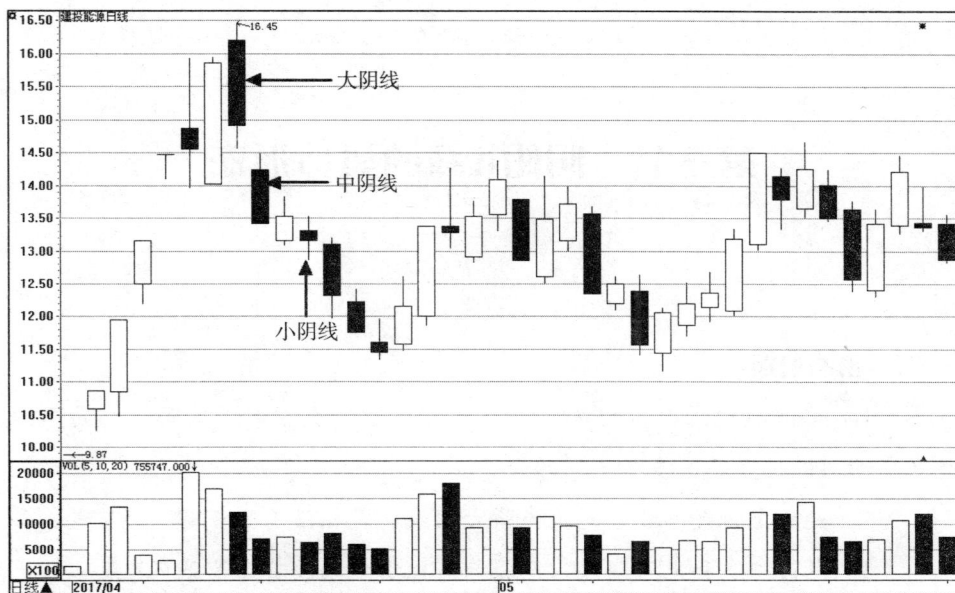

**图1-8　2017年4月至5月建投能源的K线图**

## ※ 高手如是说

　　阴阳线是K线走势图中非常重要的组成部分，每天的股价走势变化都可以依靠阴阳线来体现，它能直观、准确地为股民朋友展现一段时期内的股价变化情况，只有了解阴阳线才能分析股市的走向，从而实施相应的股市投资计划。

# 第三节　阴阳K线的具体形态

## » 形态识别

（1）单根阴阳线表示的是某一个交易日的股价变化，不同形态的阴阳线在不相同的位置具有多种不同的含义。

（2）光头光脚大阳线或光头光脚大阴线，是指没有上下影线的K线。

（3）光脚阳线和光脚阴线，是指只有上影线而没有下影线的K线。

（4）光头阳线和光头阴线，是指只有下影线而没有上影线的K线。

## » 应对策略

（1）阴阳线上下影线的不同变化通常具有不同的技术含义。

（2）根据K线出现的不同位置，往往采用不同的应对策略。

## 1. 光头光脚大阳线

### ▶基础速读

（1）光头光脚大阳线就是没有上影线和下影线的大阳线（如图1-9所示）。

（2）它意味着多方的力量比较强盛，多数人都比较看涨这只股票。

（3）在股价上涨的趋势下如果出现此种形态的阳线并伴有额度很大的成交量，意味着大多数股民都在卖出手中的股票，变现为资金，股价很有可能大幅下降。

（4）在股市上下浮动不大的情况下，意味着买方的力量强于卖方，买方最终战胜卖方，股价上涨。

（5）当行情在低价位区域出现该形态时，意味着此时市场中买方占据优势，后市行情可能会走高。

图1-9　光头光脚大阳线示意图

▶ **实盘精解**

振芯科技（股票代码：300101）经过一段时间的下跌后股价到达相对低点位置，2018年2月12日该股在相对低价位区域收获了一根光头光脚大阳线，此时出现该形态意味着市场中多方力量在不断加强。后市股价不断走高的现象就可以很好地印证这一点（如图1-10所示）。

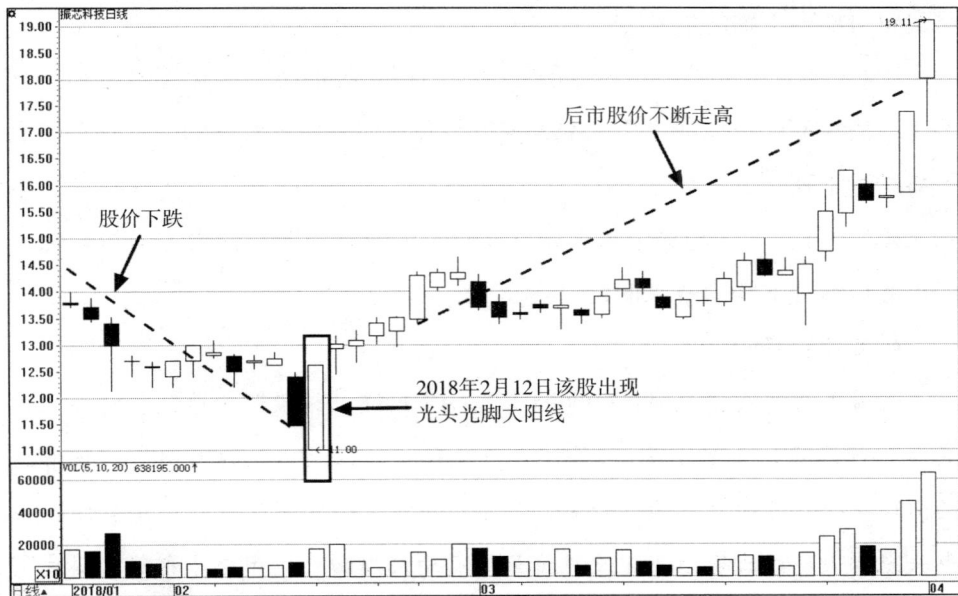

图1-10　2018年1月至4月振芯科技的K线图

## 2.光头光脚大阴线

▶ **基础速读**

（1）光头光脚大阴线就是没有上影线和下影线的大阴线（如图1-11所示）。

**图1-11　光头光脚大阴线示意图**

（2）出现此种形态一般意味着卖方力量比较强大，看跌后市的人比较多。

（3）在股价上涨的时候出现这种形态，代表着卖方的力量比较强大，是股价可能会下跌的信号。

（4）在股价上下波动不大的情况下出现这种形态，意味着多方和空方经过一段时间的拉锯战之后，空方获得胜利，代表后市看跌的人比较多，股价将继续下跌。

（5）若在下跌趋势中出现光头光脚大阴线，说明此时卖方力量较强，后市股价继续下跌的概率很大。

▶ **实盘精解**

上海电力（股票代码：600021）2018年1月5日该股股价达到相对高点位置后，行情开始出现下跌，1月15日便收获了一根光头光脚大阴线，该形态的出现意味着此时卖方力量较强，后市股价可能会出现下跌。果不其然，在光头光脚大阴线出现后，该股股价虽然有小幅度回升，但整体走势大幅度下跌（如图1-12所示）。

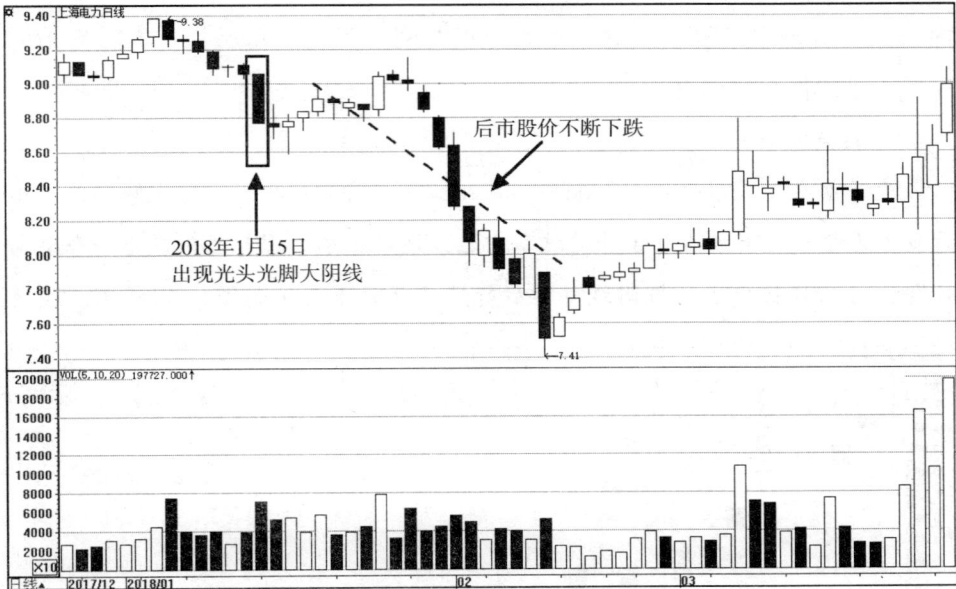

图1-12　2017年12月至2018年3月上海电力的K线图

# 3. 光脚阳线

▶ **基础速读**

（1）光脚阳线就是只有上影线没有下影线的阳线（如图1-13所示）。

图1-13　光脚阳线示意图

（2）它的出现说明买方的力量非常强盛，而卖方的力量明显不足，股价一直上涨，但在最后收盘之前的一点时间，买方力量已尽，卖方努力回攻，于是股价有所回落。

▶ **实盘精解**

中科信息（股票代码：300678）在2017年11月28日收出一根光脚阳线，由于多方力量在与空方力量争斗的过程中已经消耗殆尽，因此股价在下一个交易日即11月29日收出了一根阴线，随后行情便开始下滑（如图1-14所示）。

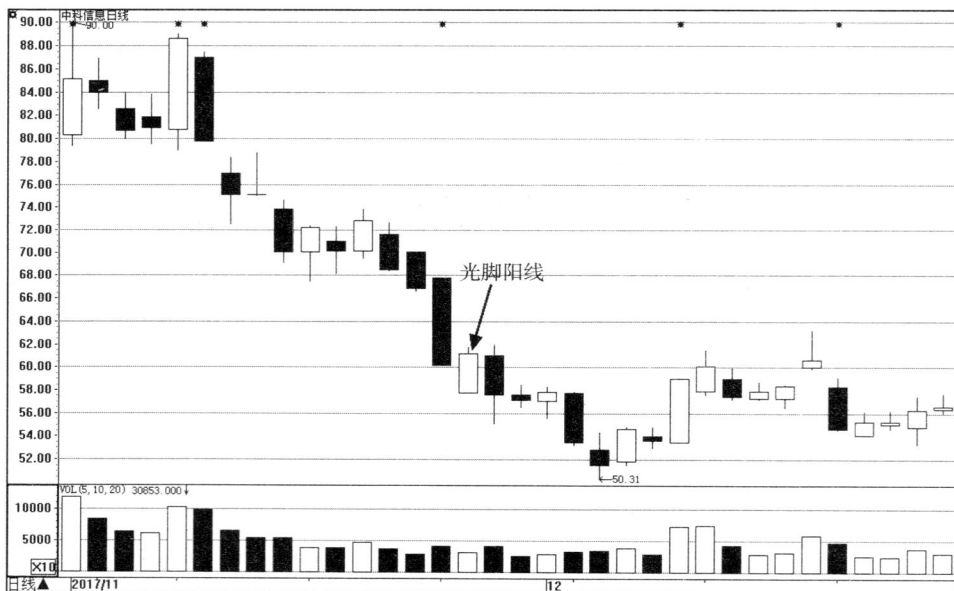

图1-14　2017年11月至12月中科信息的K线图

## 4.光脚阴线

▶ **基础速读**

（1）光脚阴线就是只有上影线没有下影线的阴线（如图1-15所示）。

（2）它的出现意味着卖方的力量比较强盛，股价一直降低，虽然中途买方有发力，但还是以最低价收盘。

图1-15　光脚阴线示意图

▶ **实盘精解**

　　九鼎投资（股票代码：600053）于2017年10月30日出现了一根光脚阴线，该形态的出现意味着此时卖方力量较为强大，买方无法在较短的时间内拉升股价，因此行情只能继续下跌（如图1-16所示）。

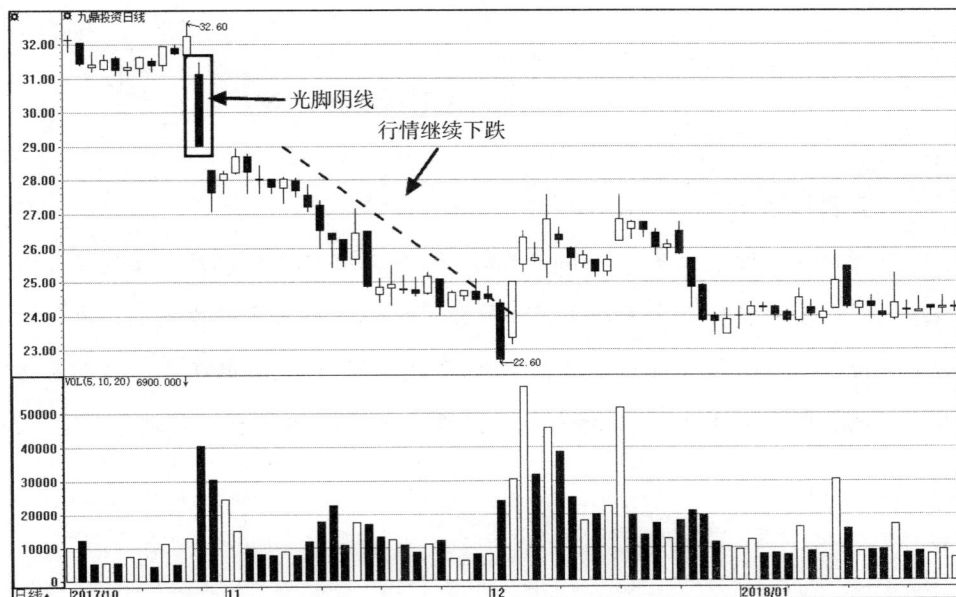

图1-16　2017年10月至2018年1月九鼎投资的K线图

## 5.光头阳线

▶ **基础速读**

（1）光头阳线就是只有下影线没有上影线的阳线（如图1-17所示）。

（2）它的出现意味着当天股市开盘之后卖方的力量非常强盛，因此股价开始时有所下跌，但是买方后续发力且力量强劲，股价不断上升，最终以最高价收盘。

图1-17　光头阳线示意图

▶ **实盘精解**

科蓝软件（股票代码：300663）在2017年7月5日与7月6日都出现了光头阳线，它表示开盘之后卖方的力量比较强大，但后来买方发力强劲，直接拉高了股价，以最高价收盘。不过，6日的阳线明显短于5日的阳线，说明买方力量已经减弱，因此到了7日就出现了阴线（如图1-18所示）。

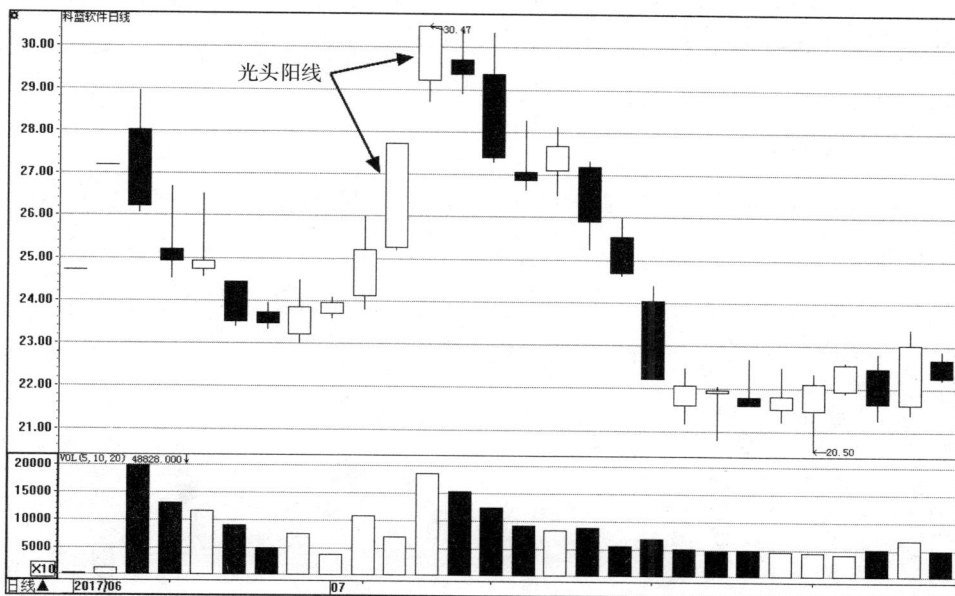

图1-18　2017年6月至7月科蓝软件的K线图

## 6. 光头阴线

▶ **基础速读**

（1）光头阴线就是只有下影线没有上影线的阴线（如图1-19所示）。

图1-19　光头阴线示意图

（2）它的出现意味着开盘后卖方的力量大于买方的力量，因此股价开始降低，当股价降低到一定程度时，买方开始拉高股价，使得最后没有以最低价收盘。

▶ **实盘精解**

苏试试验（股票代码：300416）在2017年5月24日出现了一根光头阴线，表示开盘以后卖方大力抛售股票，拉低了股价，到最后又不甘心赔钱，降低了抛售力度，买方趁机发力，结果当日没有以最低价收盘（如图1-20所示）。

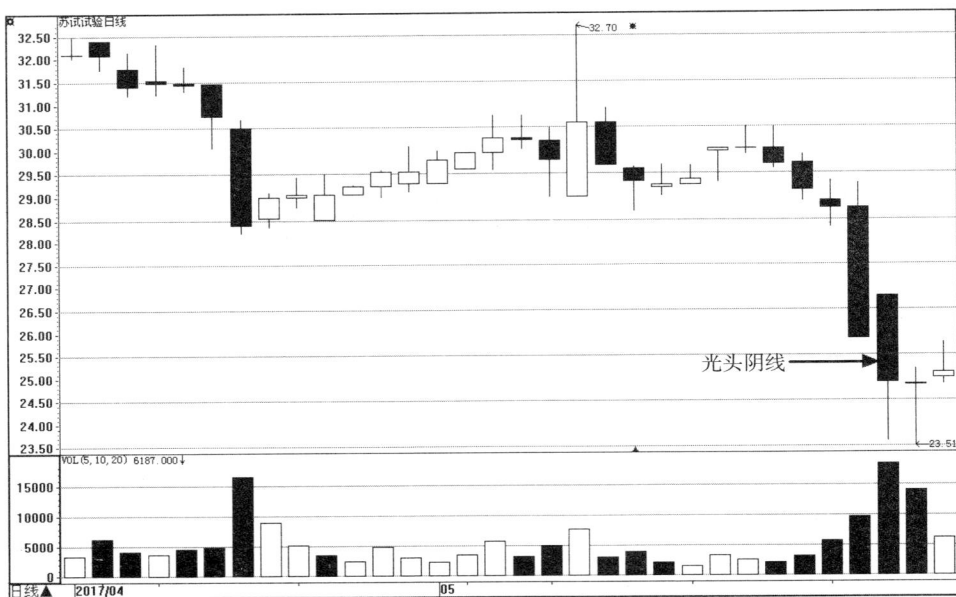

图1-20　2017年4月至5月苏试试验的K线图

## ※ 高手如是说

1.阳线实体的上边线代表收盘价，而下边线则代表开盘价。阴线实体与之正好相反，阴线实体的上边线代表开盘价，下边线代表收盘价。

2.无论阳线实体还是阴线实体，都跟随每日股价的变动而变动，从而呈现出不同形态的K线。各种形态具有不同的意义，股民需要根据当时的情况进行区别。

# 第四节　特殊的K线形态

## 》 形态识别

（1）K线图中除了基本的阴线实体和阳线实体外，还有很多不同的形态，这些形态都有其独特的意义，在不同的位置代表着不同的意义。

（2）这些特殊形态和阴线、阳线一样，都是K线图的重要组成部分，而且正因为它们反映的是股价变化的特殊形态，因此往往比常规的阴阳线更具有代表意义，更有参考价值。

## 》 应对策略

（1）这里我们主要介绍的特殊K线形态是十字线、T形线、塔形线和一字线四种。

（2）明显的上涨行情中出现十字线要谨防行情发生反转。在下跌行情中出现十字线的情况较少，若判断十字线为见底性质，则后市行情可能会发生反转。

（3）T形线的作用和十字线相类似，见顶看跌，见底看涨，投资者应该结合具体的行情进行分析。

（4）塔形线实际上是T形线的一种特殊形态。

（5）一字线属于比较极端的行情，该形态也就是我们常说的涨停板。

## 1. 十字线

▶ **基础速读**

（1）十字线形态，它的出现意味着开盘价与收盘价是一样的，因此中间没有代表差价的距离竖线；最高股价和最低股价相差很远，说明双方竞争激烈；最后却收成一条直线，表明最后收盘时买卖双方势均力敌（如图1-21所示）。

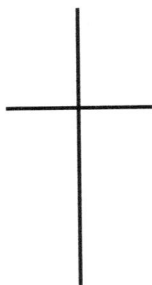

图1-21　十字线示意图

（2）如果这种特殊的形态出现在明显的上升趋势中，意味着未来的股价可能会发生变化，而且很可能是大反转（如图1-22所示）。

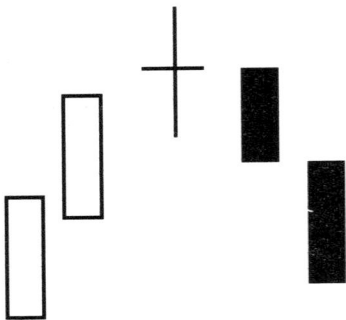

图1-22　上升趋势中的十字线示意图

（3）如果十字线在股价刚开始下跌的情况下出现，可能没有什么特别的意义，它出现在底端的可能性也不太大，但如果是在超买或超卖的时候出现，就意味着可能会发生重要的反转（如图1-23所示）。

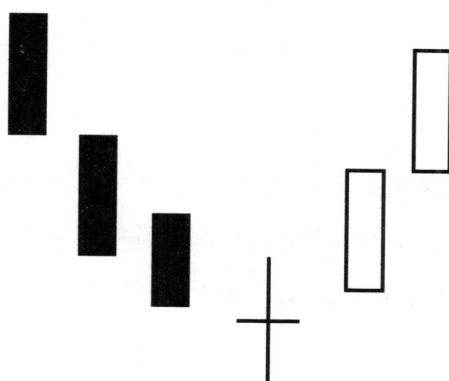

图1-23 下跌趋势中的十字线示意图

▶ **实盘精解**

西藏药业（股票代码：600211）在2017年5月5日收出一根十字线。这是因为当天买方和卖方势均力敌，所以实体部分呈现水平状态，即十字星形态（如图1-24所示）。

图1-24 2017年4月至5月西藏药业的K线图

## 2. T形线

▶ **基础速读**

（1）T形线的出现意味着开盘以后卖方的力量比买方强大，股价不断下跌，但是后来买方开始发力，卖方被压制住且根本无力还手，股价开始不断上涨，最后以与开盘价相同的价格收盘（如图1-25所示）。

图1-25　T形线示意图

（2）假如股价在上涨的情况下出现T形线，意味着后市很有可能出现股价下跌的情况。

（3）假如股价在下跌的情况下出现T形线，且出现其后股价停止下跌并且开始有回升的迹象，那么后市很有可能出现大涨的情况。

▶ **实盘精解**

新湖中宝（股票代码：600208）于2017年5月9日出现了一个T形线，它意味着股市开盘之后卖方的力量比买方强盛，因此股价一开始呈现下跌的态势，但后来买方大力反攻而卖方无力反击，股价不断回升，最后以和开盘价相同的价格收盘（如图1-26所示）。

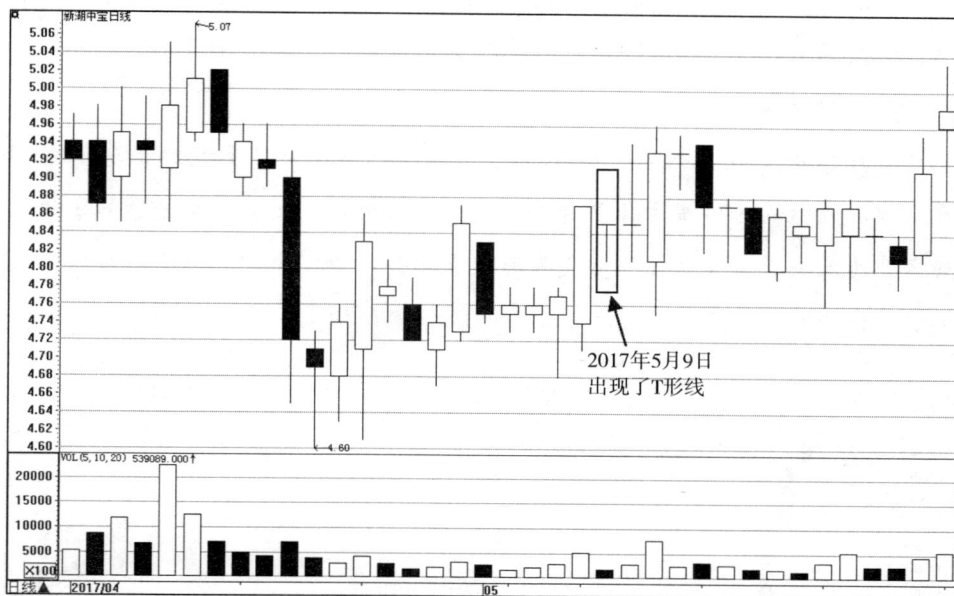

图1-26 2017年4月至5月新湖中宝的K线图

## 3. 塔形线

▶ **基础速读**

（1）塔形线又被称为"避雷针""墓碑线"。它意味着开盘之后买方的力量比较强，股价一开始不断上涨，后来卖方开始发力，不断拉低股价，买方力量不足，最后以与开盘价一样的低价格收盘（如图1-27所示）。

图1-27 塔形线示意图

（2）塔形线是T形线的一种特殊形态，如果塔形线出现在底部区域的话，会因为买方发力拉高股价，后期股价是否会上涨需要继续观察。

▶ **实盘精解**

海立股份（股票代码：600619）在2017年5月31日收盘时出现了塔形线，当天开盘的时候买方力量强盛，将股价拉到最高之后，卖方开始发力，买方无力反击，直至收盘买方也没有重新拉高股价，最后形成了一个塔形线（如图1-28所示）。

图1-28　2017年5月至6月海立股份的K线图

## 4. 一字线

▶ **基础速读**

（1）一字线意味着全天的股价都一样（如图1-29所示）。

_____

图1-29 一字线示意图

（2）一般只有在市场行情比较极端的情况下才会出现此种形态，一种情况是开盘即涨停的极强势，另一种情况是开盘即跌停的极弱势。涨停是买方力量较强，没有人愿意卖出手中的股票，而跌停就是卖方力量较强，大多数人都不愿意继续持有手中的股票。

▶ **实盘精解**

东尼电子（股票代码：603595）在2017年7月12日至21日连续8天收盘时收出一字线，它的出现是涨停的结果，说明看涨该股的股民较多，但成交量极少（如图1-30所示）。

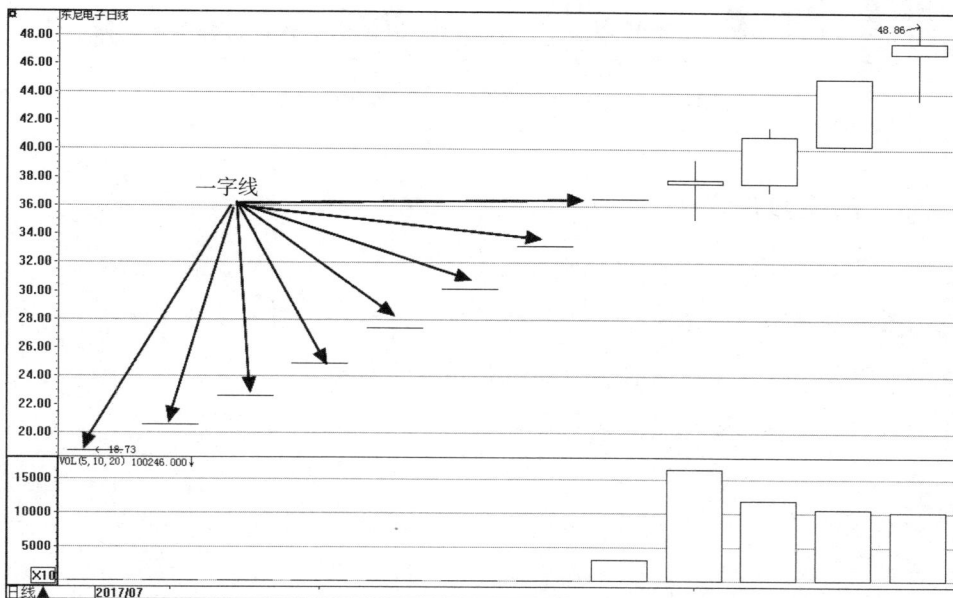

图1-30 2017年7月东尼电子的K线图

　　★ST宝实（股票代码：000595）在2017年3月29至4月6日连续5天收出一字线，但它是由于跌停而形成的一字线，持股者都在尽力卖出手中的股票，成交量一样比较少（如图1-31所示）。

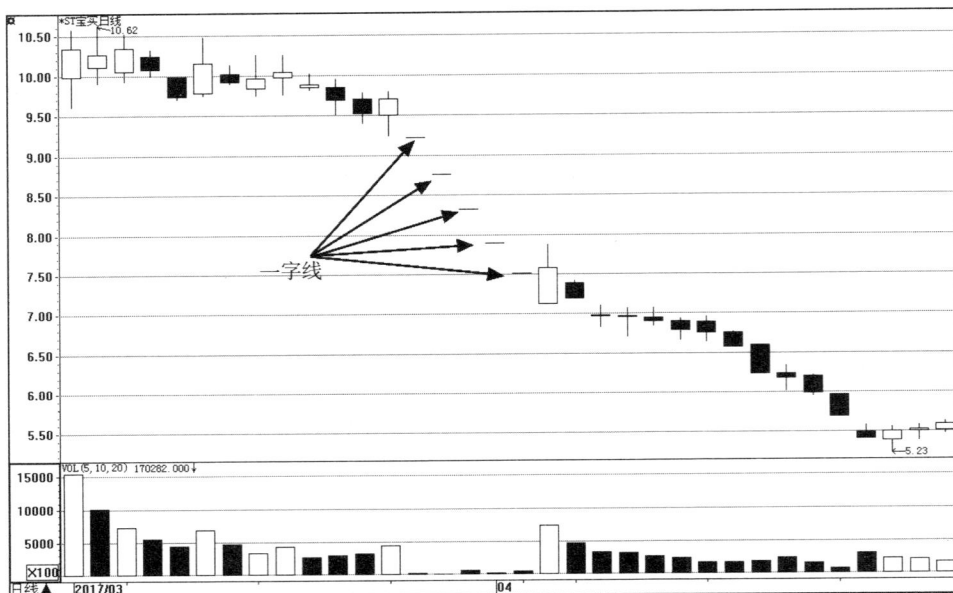

图1-31　2017年3月至4月*ST宝实的K线图

## ※ 高手如是说

　　一般在底部或者顶部出现特殊类型的K线图并且所处形势比较确定，就意味着未来的股市很有可能出现转势。这个时候股民们可以继续观察一两个交易日的情况，以此来判断这些特殊形态所传达的具体信号，之后再进行相应的判断，来确定是该买入还是该卖出。

# 第二章

# K线组合：透过组合看涨跌

一个阴阳烛只能反映一个交易日的股价变动情况，而大家炒股炒的是股票未来的走势，要想能够通过之前的交易情况预测未来的可能情况，认识并了解K线组合是必不可少的技能。K线组合就是由连续几天形成的K线图组合而成的、拥有特殊意义的K线图组。相较于单个的特殊图形来看，这些组合更能展示股票未来的走势。熟悉这些K线组合会使你在炒股过程中的胜算更大一些。

# 第一节　上升组合：股价拉升，利润倍增

**》 形态识别**

（1）单个的K线就已经包含了不少的信息，K线图组合包含的信息量就更多了，不同的K线组合在一起所表示的具体含义也是大有不同的。

（2）可以将多根K线看成一个组合形态，在实战中组合形态具有重要的作用。

**》 应对策略**

（1）我们常说的"红三兵"、高位并排阳线、徐缓上升等都属于上升组合。

（2）这些组合形式的出现往往有拉升股价的作用，投资者若能正确地识别这些组合形式，抓住时机，就能扩大盈利。

（3）当行情中出现上升组合时，后市行情多半看涨，投资者可以择机加仓或者介入。

## 1."红三兵"

▶ **基础速读**

（1）在股价上涨初期，K线图中连续三天出现阳线，且每一天的最高价较之前一天都要高，这种形态就被称为"红三兵"（如图2-1所示）。

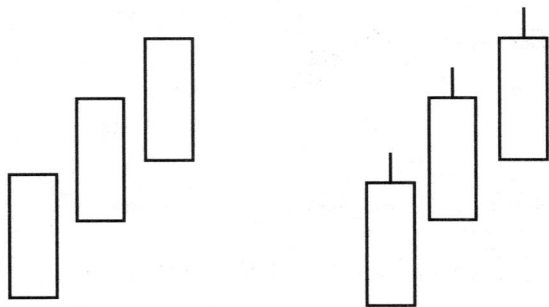

图2-1　"红三兵"示意图

（2）股价在低价区域盘桓了一段时间之后，从某个交易日开始，每一天的开盘价都低于前一天的收盘价，而收盘价又都高于前一天的收盘价。

（3）每一天的收盘价都与当天的最高价一致或接近。图像上显示为单一的阴阳烛，没有上影线或者上影线特别短。

▶ **实盘精解**

西宁特钢（股票代码：600117）在2017年7月18日之前股价一直处于比较低的状态，在18日开始出现小阳线，加上后两天出现的小阳线就组成了一个"红三兵"的典型形态。在"红三兵"出现之后该股的股价开始上升（如图2-2所示）。

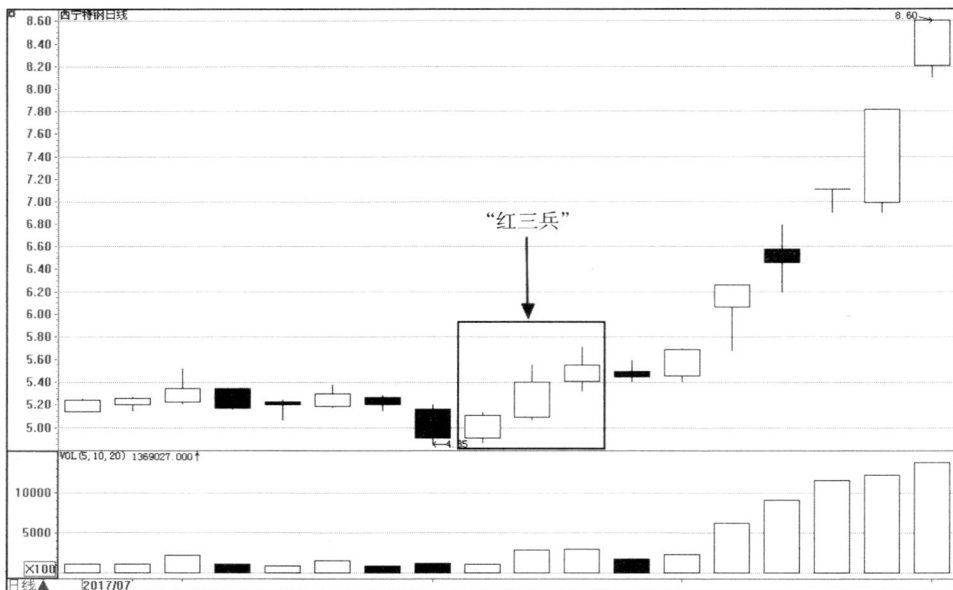

图2-2　2017年7月西宁特钢的K线图

## 2.高位并排阳线

▶ **基础速读**

（1）高位并排阳线也是上升组合中的一种（如图2-3所示）。

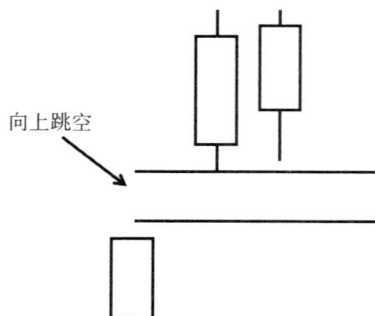

图2-3　高位并排阳线示意图

（2）两个并排阳线向上跳空，与前一日的阴阳烛之间形成一个缺口，这也就是我们常说的跳空现象。向上跳空的两个阳线几乎长短一致，高度也一致，意味着它们的开盘价与收盘价几乎是一致的，因此被形象地称为"并排阳线"。

（3）通常情况下，高位并排阳线的出现意味着后面的股价很有可能会继续上升，跳空的缺口就是上涨的支持力量。

（4）但是在实际运用中，股民如果发现这个缺口很快被耗尽，那就不要再进行投资了，因为跳空形成的支撑作用将会消失，也就是卖方的力量比较强势，后期很有可能出现下跌的情况。

▶ **实盘精解**

华能国际（股票代码：600011）在2017年7月6日和7日出现的两条阳线组成了高位并排阳线的图组，虽然也出现了跳空的现象，但是在第三天就出现了阴线，说明跳空的那段支持力失效了，后来的股市也出现了下跌的情况。从图中我们能够清楚地看到，后面几天的股价呈现低走的趋势（如图2-4所示）。

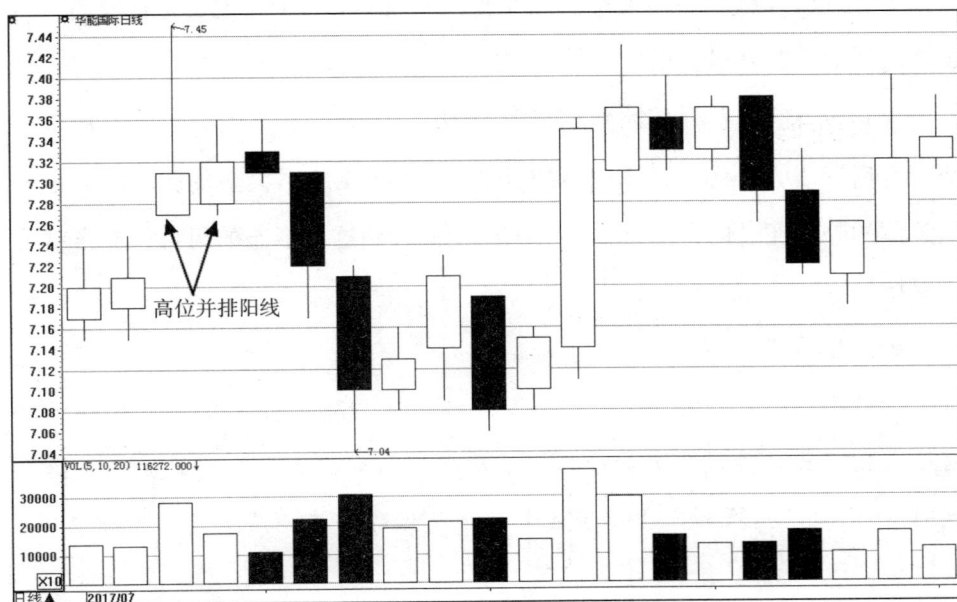

图2-4 2017年7月华能国际的K线图

## 3.徐缓上升

▶ **基础速读**

（1）徐缓上升式的K线图组，一般由先出现的几根小阳线与随后连续收出的一根或两根大阳线共同组成（如图2-5所示）。

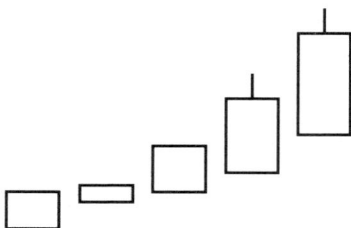

图2-5 徐缓上升示意图

（2）这种K线组合一般会出现在股价上涨的形势中，尤其是在股票行情走高的初期，此种组合出现的频率会比较高。

（3）一般情况下，徐缓上升图组的出现代表着买方的力量正在稳步上涨，但后期卖方一定会试图重新拉低股价，因此K线图会呈现波动的样子，但整体的趋势还是向上的。如果股民朋友们看到这种形态的组合，通常就可以保持看涨的心态了。

▶ **实盘精解**

2017年7月5日，沧州大化（股票代码：600230）的股价跌至28.44元，随后在14日出现徐缓上升组合，之后股价一路向上，到8月1日股价最高达到57.86元。虽然这期间出现了波动，但总体的态势还是上升的（如图2-6所示）。

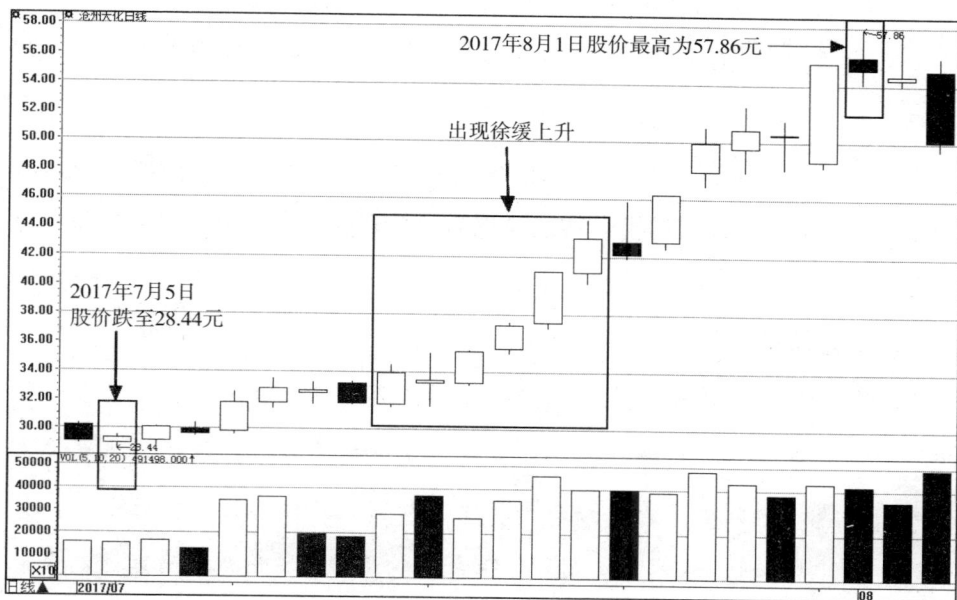

图2-6  2017年7月至8月沧州大化的K线图

## 4."多方尖兵"

▶基础速读

（1）该图形组合比较复杂，第一根是中阳线或者大阳线，并且会带有一根约为阳线实体三分之一的上影线（如图2-7所示）。

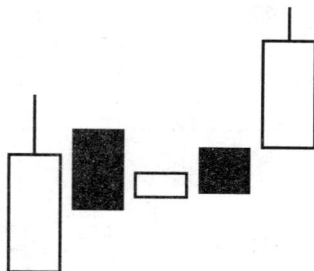

图2-7  "多方尖兵"示意图

（2）带上影线的阳线出现后，一般情况下会出现股价回落。

（3）当一段时间过后股价突然上涨，直接高过最初那条上影线，这时就形成了"多方尖兵"的组合。

（4）一般情况下，如果出现此种形态的组合，那么后面的股价会出现上涨态势。但要求此时的短期均线呈现多头排列的形态，成交量也要相应地增大。

▶ **实盘精解**

网宿科技（股票代码：300017）在2017年6月2日收出一根带长影线的阳线之后股价开始进行调整，在15日收出了一根大阳线，该影线上穿之前所有的阳线，形成了"多方尖兵"组合，且该股整体股价呈上升趋势，从图2-8中可以看到，从"多方尖兵"组合形成开始，股价就没有回落到太低水平。

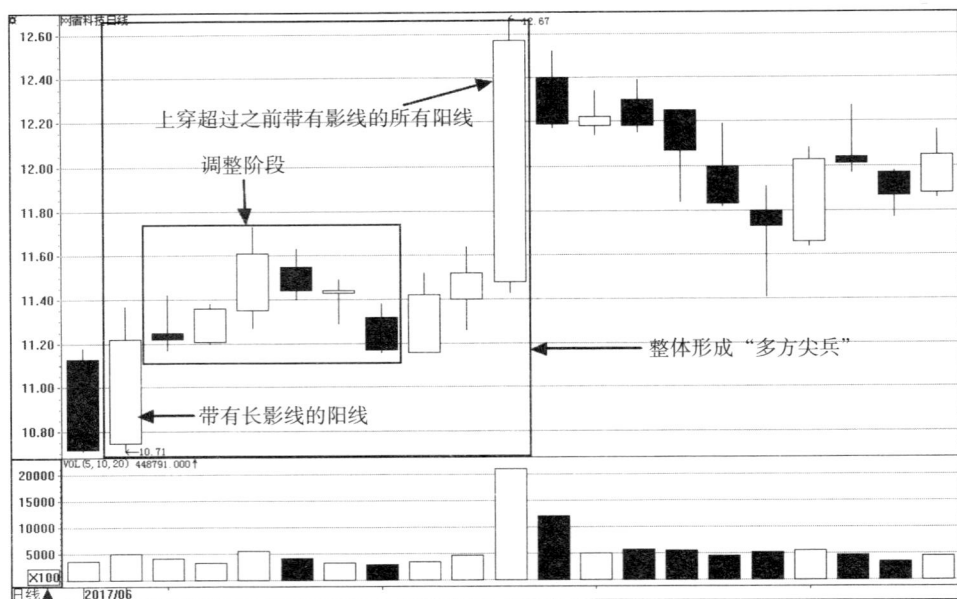

图2-8　2017年6月网宿科技的K线图

## ※ 高手如是说

股市之中每种K线组合一般都有固定的形态，但也并不是完全固定的，股民如果只能判断出最基本的形态，就很容易错失获利的良机。为了更好地在股市之中来去自如，股民朋友们一定要随机应变，不能墨守成规。

# 第二节　见底组合：此时不买，更待何时

## 》 形态识别

（1）见底组合是一种比较常见的K线组合，对于股民朋友来说，这一组合是非常实用的，而且此种组合具有相当高的实战意义。

（2）常见的见底组合之一有圆底形态，即组合的整体形态呈现圆弧状。

（3）"希望之星"也是我们经常听说的组合形态，亦可称之为"早晨之星"，通常是由三个单一K线构成的。

（4）锤头线见底组合的实体比较短，没有上影线。

（5）下档五阳线也是比较常见的见底组合，通常由连续的五根或五根以上的阴阳线共同组成。

## 》 应对策略

（1）见底组合出现通常意味着后市行情看涨。

（2）投资者需要注意每个见底形态的构成是否真实有效，如此见底组合发出的信号更有可信度。

（3）见底组合通常容易出现在底部，投资者抓住时机适当买入就能有所收获。

## 1. 圆底

▶ **基础速读**

（1）该种组合的整体走势呈现出圆弧形，也可以将之比喻为一个碗底的形状（如图2-9所示）。

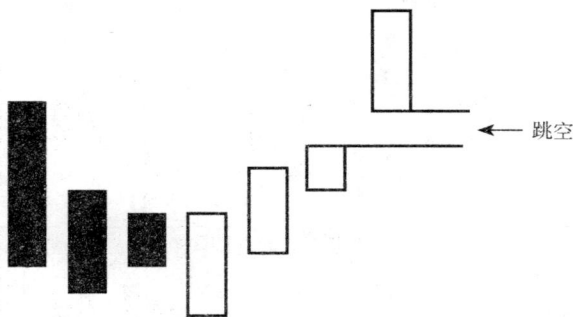

图2-9　圆底形态示意图

（2）此种形态多由小阳线及小阴线组成。但只是圆弧形状还不能将之确定为圆底形态，必须有一个向上跳空的缺口才算真正形成圆底形态。

（3）在股价下跌或是水平运行的时候，该种组合较容易出现。

（4）就一般情况而言，圆底形态的出现说明股市中卖方力量近乎耗尽，后期买方将会把控市场，因此出现股价上涨的可能性是非常大的。如果股民朋友遇见此种情况，可以选择适当地买入股票。

▶ **实盘精解**

深ST板（股票代码：993074）在2017年7月10日形成跳空，由此确认圆底形态形成。在6月30日之前股价明显呈下跌的态势，30日以后虽然股指略有波动，在7月7日更是降到最低点6282.96，但整体还是呈现上升态势。2017年7月10日形成的跳空更确认了圆底的形成，此后股价开始走高，虽然图中未显示出现最高价，但后面的股价呈现出波动上升的态势（如图2-10所示）。

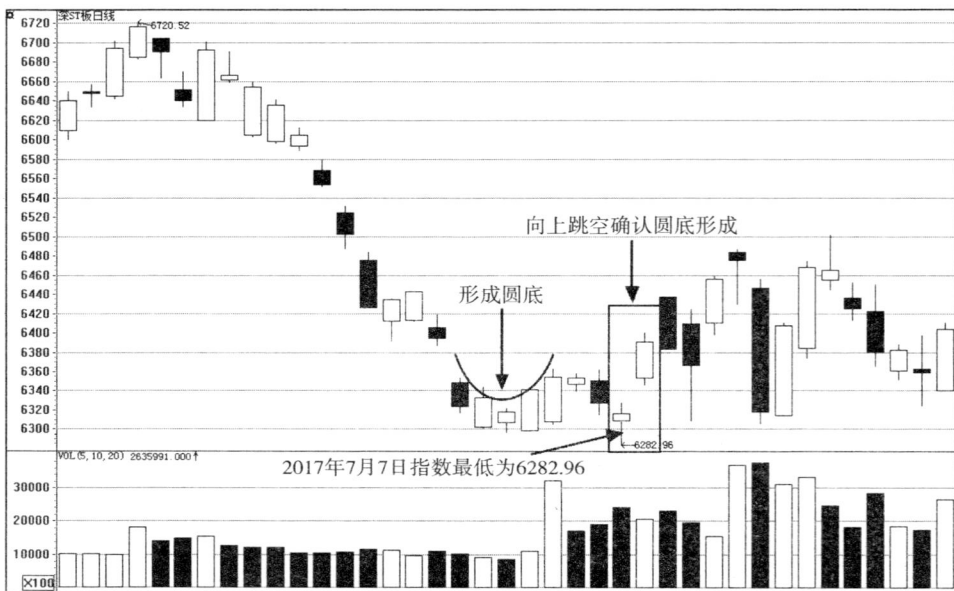

图2-10　2017年6月至7月深ST板的K线图

## 2.“早晨之星”

▶ **基础速读**

（1）“早晨之星”又名“希望之星”，顾名思义，此种组合的出现意味着后面的股市行情有可能上涨，此时股民朋友们可以选择适当买入。

（2）此种组合一般出现在股市连续下跌的情况下。

（3）“早晨之星”由三根单一的K线组成，第一根为阴线，第二根为特殊的十字线，第三根为阳线，并且第三根阳线的实体至少要切入第一根阴线实体的二分之一（如图2-11所示）。

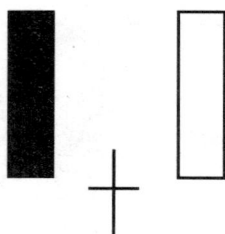

图2-11　"早晨之星"示意图

（4）"早晨之星"的出现一般意味着股价经过比较大幅度的回落之后，卖方的力量已经消耗得差不多了，股价已经不能再出现新低了。

（5）除了上面出现的标准组合以外，"早晨之星"还有三种特殊的情况。这三种变异组合代表的意义和标准组合是一样的，都是后市股价可能上涨的信号（如图2-12所示）。

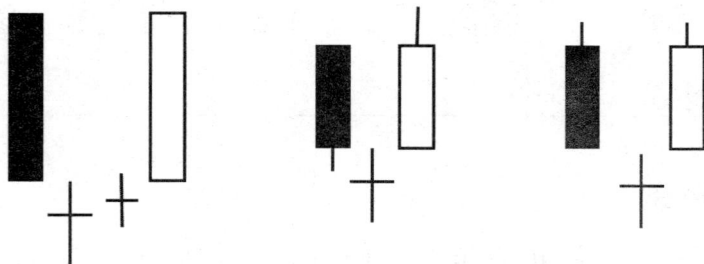

图2-12　"早晨之星"变异组合示意图

▶ **实盘精解**

3D打印（股票代码：993060）于2017年6月1日收出一根阴线，5日收出一根阳线。由此就与2日收出的十字线形成了"早晨之星"组合。从图2-13中可以看到，在出现"早晨之星"后，该股股价就开始了以收阳为主的上涨趋势。

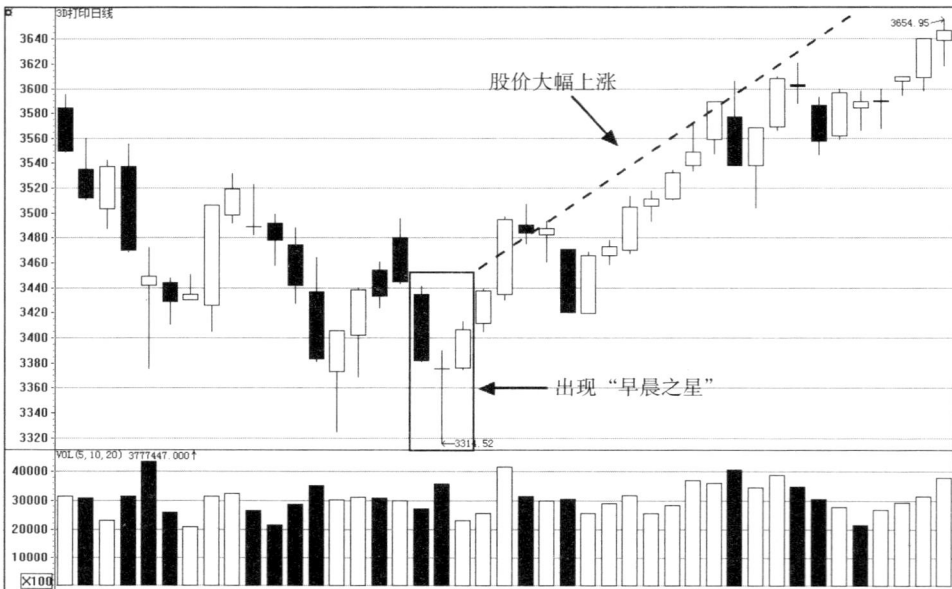

图2-13 2017年5月至7月3D打印的K线图

## 3.锤头线

▶ **基础速读**

（1）锤头线可以由两根阳线组成，也可以由两根阴线组成。它们的实体都比较短，一般是不带有影线的光头阳线和光头阴线，所以个别情况中即使出现了上影线也是非常短的，但下影线一般都是比较长的（如图2-14所示）。

阳线锤头线          阴线锤头线

图2-14 锤头线示意图

（2）锤头线大多出现在股市下跌的行情中。

（3）锤头线的出现预示着未来股市的行情很有可能会走高。

（4）锤头线的K线实体越小，下影线越长，它的止跌作用越明显。

（5）在锤头线出现之前，股价下跌持续的时间越久、下跌的幅度越大，锤头线的见底预测作用越强。

（6）两种锤头线虽然实战意义相同，但是阳线锤头线比阴线锤头线的力量更强一些。

（7）一般情况下，锤头线的上影线和下影线比例越悬殊，对后市的预测能力就越高，如果锤头线和"早晨之星"同时出现，那么见底的信号就更强。

▶ **实盘精解**

华升股份（股票代码：600156）在锤头线出现之前，股价就已经开始有上涨的趋势，在2017年6月9日与10日形成锤头线之后，股价开始大幅度上升，直到2017年6月22日收出了最高价8.94元（如图2-15所示）。

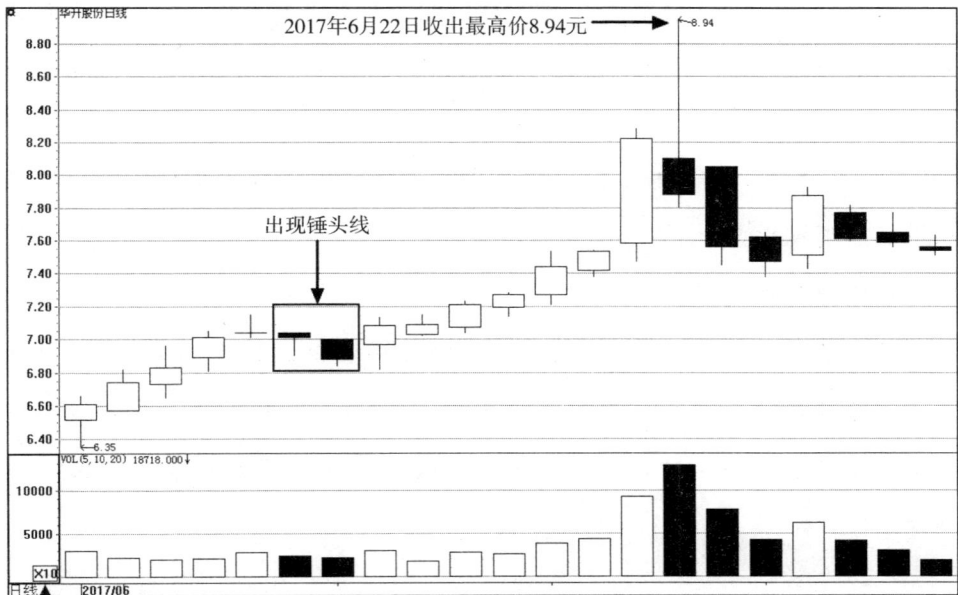

图2-15　2017年6月华升股份的K线图

## 4. "下档五阳线"

### ▶ 基础速读

（1）由连续出现的五根或五根以上的阳线组成的K线组合称为"下档五阳线"（如图2-16所示）。

图2-16 "下档五阳线"示意图

（2）该种K线组合大多出现在下跌行情持续了一段时间之后。

（3）通常"下档五阳线"的出现说明当时买方的力量比较强，买方的承压能力也比较强，股价即将见底或是即将到达一个阶段的底部。这是一个较为强烈的买进信号。

（4）由于该种组合出现后股价一般会见底或到达一个阶段性的底部，因此此时买入的成本较低，风险也较小。

### ▶ 实盘精解

上海贝岭（股票代码：600171）在2017年6月30日股价到达低谷后出现了由六根小阳线组成的"下档五阳线"，在7月10日的时候股价虽然没有达到最高价但是有大幅度上涨，之后的股价也是稳步上升的（如图2-17所示）。

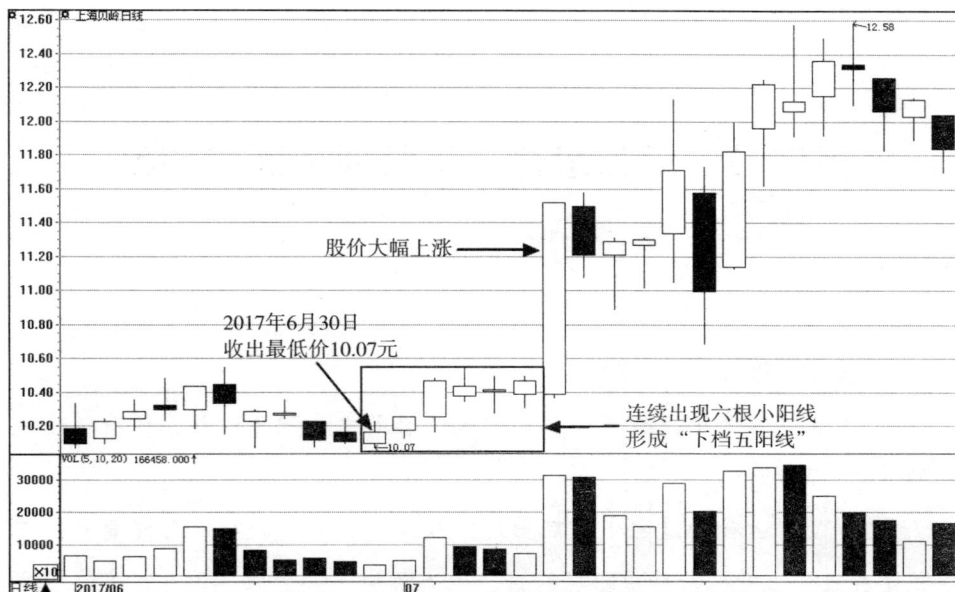

图2-17　2017年6月至7月上海贝岭的K线图

## ※ 高手如是说

一般情况下，见底组合给股民们提供的就是股价即将上涨的信号，也就是说，如果股民朋友在股市中遇到这些见底组合，就可以积极地看涨了。但是在实际的股票交易中，股民朋友还需要根据具体的情况具体判断，必须根据当时股价所处的位置进行判断，避免出现判断失误。

# 第三节　见顶组合：下降通道即将到来

» **形态识别**

（1）在股市之中，除了令我们比较欣喜的上升组合以外，还有值得我们警惕的下降组合。

（2）股市运行的过程中一旦出现下跌组合，股价就很有可能要开始下跌或是在股价上升的行情中出现转折，成为跌势。

（3）常见的下跌组合有"黄昏十字星"、圆顶、"乌云盖顶"。

（4）"黄昏十字星"和我们前文提到的"早晨之星"是相对的，发出的信号相反。

（5）圆顶组合是K线走出一个开口向下的圆弧形状的行情。

（6）"乌云盖顶"由一阳一阴两条K线组成。

» **应对策略**

（1）见顶组合通常容易出现在一段上涨行情的末尾阶段，通常代表着下跌通道的开启。

（2）见顶组合出现时，投资者一定要尽快减仓或者清仓，才能避免更大的经济损失。

（3）判断见顶组合一定要严格遵循每个组合构成的因素。

## 1. 黄昏十字星

▶ **基础速读**

（1）"黄昏十字星"是与"早晨之星"相对的，之前介绍的"早晨之星"是股票上涨的信号，而"黄昏十字星"则是股市下跌的信号。

（2）先出现阳线，后收出一根十字线，之后出现一根阴线，确定"黄昏十字星"形成（如图2-18所示）。

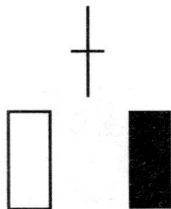

图2-18　"黄昏十字星"示意图

（3）"黄昏十字星"呈向上跳空的状态，说明股价经过了一段上涨的行情。

（4）在经过一段股价上升的行情之后，该组合的出现表明股价开始见顶，买方的力量快要耗尽，该股的行情将会由升变降，新一轮的股价下跌将要开始。如果股民朋友在进行投资活动时遇到这种组合，一定要选择尽快离场，从而避免更大的损失。

▶ **实盘精解**

蒙草生态（股票代码：300355）的股价在2017年7月从最低的10.18元直接上涨到最高价12.00元之后，先是收出一根阳线，后又收出一根十字线，第三日收出一根阴线，三者共同组成了"黄昏十字星"。从图2-19中可以看到，在出现"黄昏十字星"之后，该股股价就开始持续下跌。

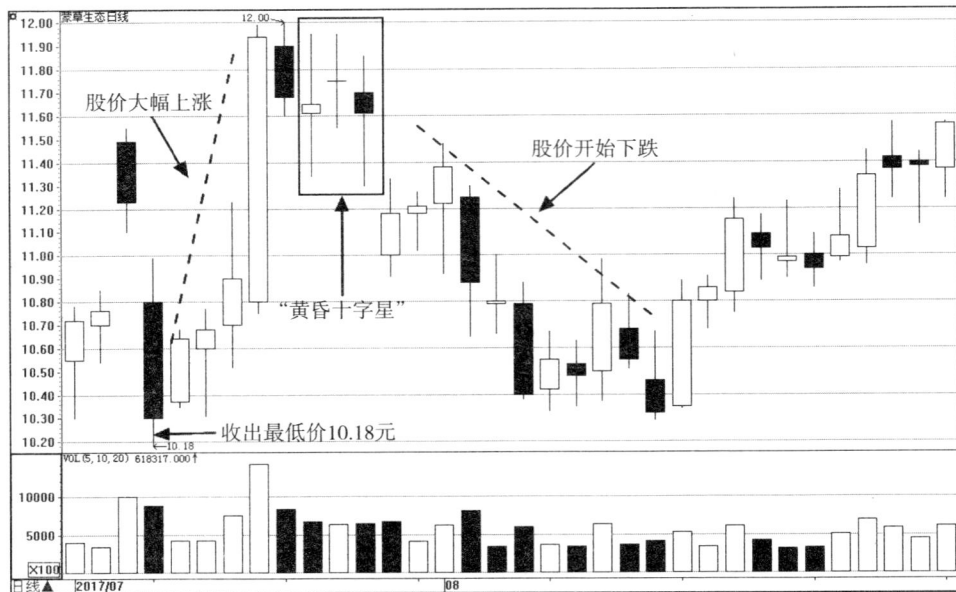

图2-19　2017年7月至8月蒙草生态的K线图

## 2. 圆顶

▶ **基础速读**

（1）圆顶组合就是股价的走势形成了一个开口向下的圆弧形状（如图2-20所示）。

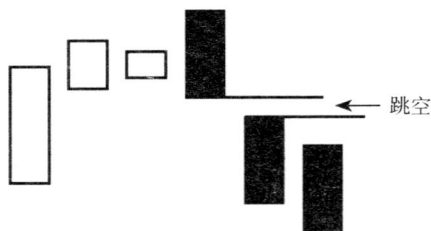

图2-20　圆顶组合示意图

（2）该种组合一般出现在股价经过大幅上涨之后。

（3）确定圆弧的形成必须有一个向下跳空的缺口，这个缺口也是升势变为跌势确定的信号。

（4）"圆顶"形成后，股市将迎来新的一段下跌行情。

（5）该种组合的出现意味着买方的力量接近于耗尽，卖方会趁机发力，后市的股价将呈现大跌的态势。如果股民在进行股票交易时遇到该种组合，最好选择提早离场。

▶**实盘精解**

科锐国际（股票代码：300662）的股价经过一段时间的上涨后，于2017年7月6日达到最高值为28.67元，8日形成向下跳空的缺口。由此可以确定圆顶组合形成，股价开始大幅度下跌，虽未达到最低价，但已经可以看出下跌的趋势在持续（如图2-21所示）。

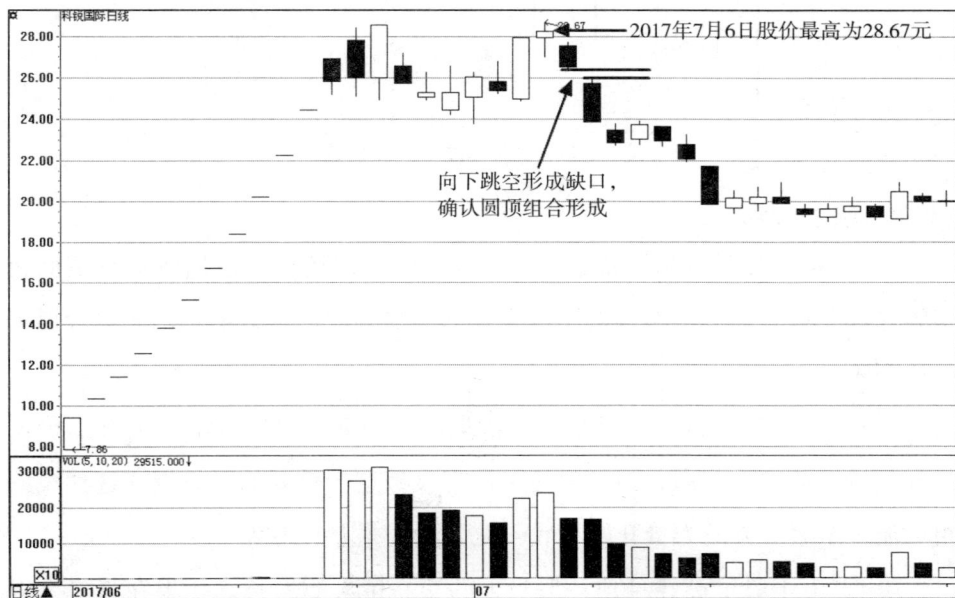

图2-21 2017年6月至7月科锐国际的K线图

## 3."乌云盖顶"

▶ **基础速读**

（1）"乌云盖顶"由一阳一阴两根阴阳线组成，前一日收出的是一根阳线，后一日收出一根阴线，且阴线实体的收盘价下跌到第一个阳线实体的三分之一，成交量也配合着放大，此时就可以确定"乌云盖顶"的组合形成，表示后市情况不容乐观（如图2-22所示）。

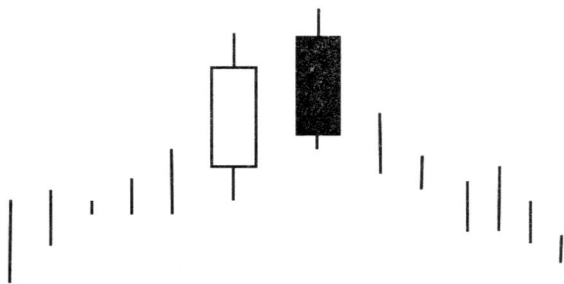

图2-22　"乌云盖顶"示意图

（2）在"乌云盖顶"组合中，第二天形成的阴线实体的收盘价越低，实体底部下插到前一天形成的阳线实体的程度越深，那么组合构成股价顶部的概率越大。

（3）在"乌云盖顶"组合中，如果第二个交易日阴线实体的开盘价比某一个重要的阻力位高，但是最终又没有突破这个重要的阻力位，这种现象很可能预示着买方的力量开始见底，无力再支撑上升态势。

（4）由于股价已经见顶，但当天的交易量大幅增长，如果在第二个交易日开盘的时候成交量变得非常大，就很可能意味着更多的股民已经下定决心进场，但是随后空头就开始了抛售行为，于是急于进场的股民才发现自己已经骑虎难下了。

### ▶实盘精解

圣农发展（股票代码：002299）的股价在经过一段大幅上涨后，突然于2017年8月初在高位收出一根最高股价为18.97元的阴线，并伴有较大的交易量，直接盖过了之前的阳线，形成了"乌云盖顶"组合。之后该股的股价便一直呈现下降的趋势（如图2-23所示）。

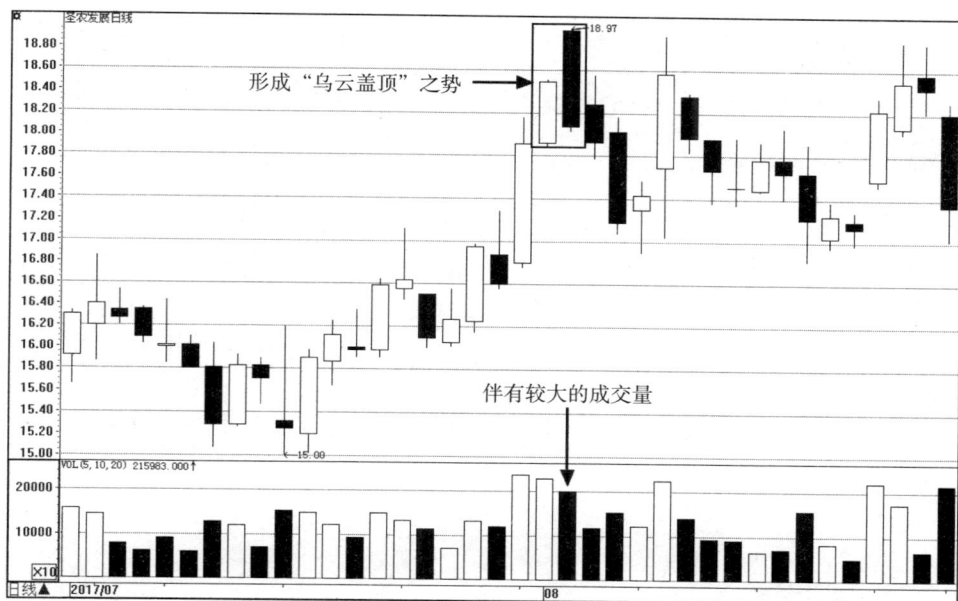

图2-23　2017年7月至8月圣农发展的K线图

## ※ 高手如是说

在这里提醒股民朋友们，如果在实际的股市之中遇到见顶组合，但同时出现了利好的传闻，那么股民朋友们一定要结合实际情况来判断，避免被传言的消息所误导，从而发生亏损。因为利好的消息很有可能是之前的主力方面利用见顶的情况进行洗盘或者出货。

# 第四节　下跌组合：绵绵阴跌何时能休

> » **形态识别**

（1）股市中最担心的就是遇到下跌组合，出现下跌组合往往意味着后市股价将会下降。

（2）本节列举了吊颈线、倒三阳、绵绵阴跌三种典型的下跌组合形式。

（3）吊颈线和上文提到过的锤头线的形态很相似，通常也由两根K线组成。

（4）倒三阳是由三根连续的阳线组成。

（5）绵绵阴跌通常由八根或者八根以上的小阴线和小阳线构成，组合整体呈现下降趋势。

> » **应对策略**

（1）出现下跌组合意味着后市行情会发生反转，投资者应该及时撤场。

（2）吊颈线出现后，无论行情的涨跌如何，投资者都应该及时撤场。

（3）倒三阳通常出现在下跌行情中，出现该组合一定要坚定立场，及时做出撤场选择。

（4）绵绵阴跌组合若是连续出现，那么下跌的力度将更大，投资者应该及时做出止损策略。

## 1. 吊颈线

▶ **基础速读**

（1）吊颈线与锤头线十分相似，它们都由两根K线组成，前一根是光头阳线或光头阴线，后一根是带有较长下影线的阳线或阴线（如图2-24所示）。

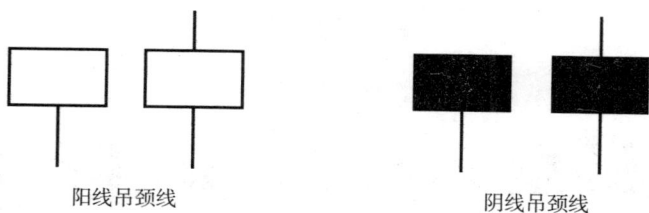

阳线吊颈线　　　　　　　阴线吊颈线

图2-24　吊颈线示意图

（2）吊颈线预示着股价上涨的态势快要接近顶部，后面股价很有可能进入下跌的态势。

（3）吊颈线有阴有阳，但相比较来说，阴线吊颈线比阳线吊颈线的预示力度要强一些，可信度也要高一些。

（4）吊颈线一般出现在股价上涨了一段时间之后。在它出现之后，不管后市几天内的行情是涨还是跌，股民朋友们都应该选择尽早出仓，避免股票价格下跌造成损失。

▶ **实盘精解**

联得装备（股票代码：300545）的股价在2017年5月初大幅上涨一段时间之后，于2017年5月11日和12日组成了吊颈线的组合。随后该股依然保持上涨的态势，在17日时更是收出了最高价79.80元，但是之后股价就开始了大幅度的下跌（如图2-25所示）。

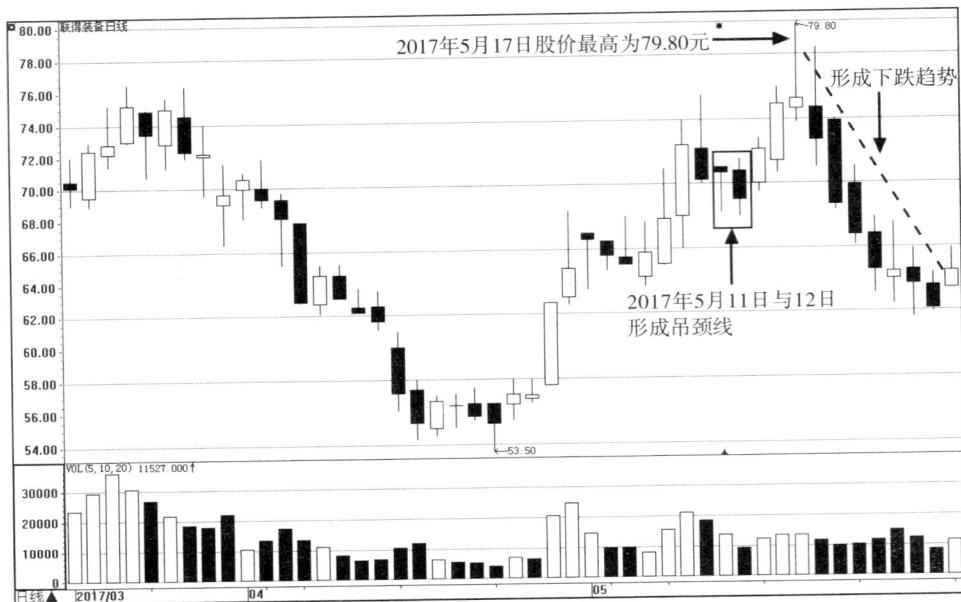

图2-25　2017年3月至5月联得装备的K线图

## 2. 倒三阳

▶ 基础速读

（1）倒三阳下跌组合由连续的三根阳线组成（如图2-26所示）。

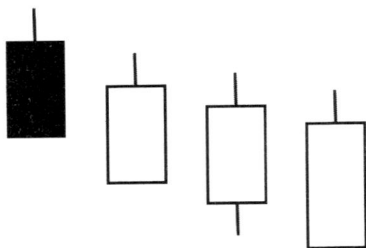

图2-26　倒三阳组合示意图

（2）该种组合一般出现在股价下跌的过程。

（3）一般情况下，该种组合的出现都会有主力的身影掺杂其中，从本质上来说，这种组合往往意味着主力想要造成股价将会有所回升的假象，以达到令其自身顺利出货的目的。很多不明真相的股民往往会被股票上升的假象所蒙蔽，最后被牢牢套在股市之中，从而造成损失。

（4）如果股民朋友在炒股时看到此种组合，一定要坚定立场，尽快出货，不要因为贪财而造成更大的损失。

▶ **实盘精解**

人福医药（股票代码：600079）股价在到达最高价之后开始呈现下跌状态，在2017年7月12日至14日出现了倒三阳组合。之后股价又开始下跌，在18日更是达到最低价17.86元（如图2-27所示）。如果股民朋友看到三根阳线就盲目地购入股票的话，一定会被股市套牢，从而造成损失。

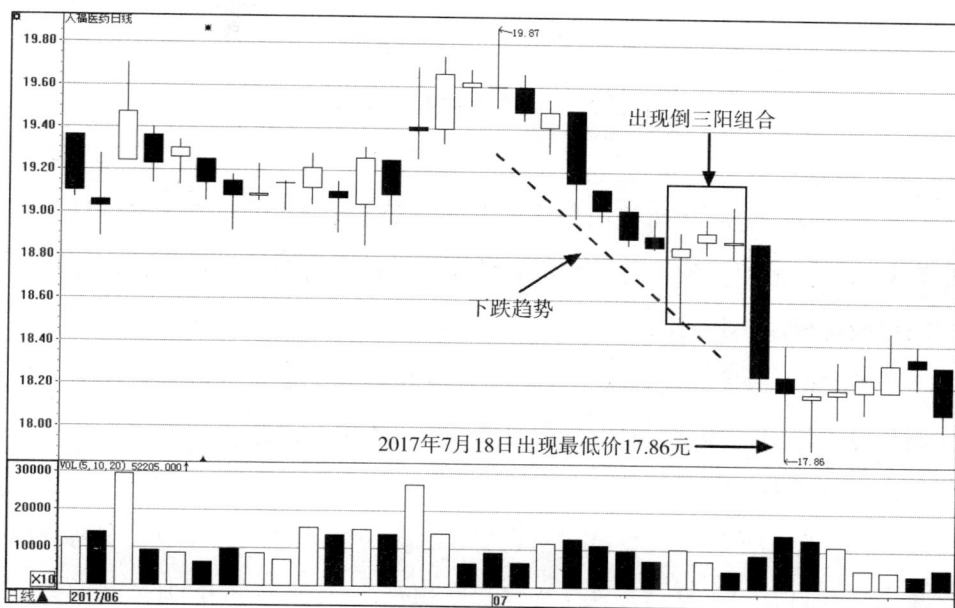

图2-27 2017年6月至7月人福医药的K线图

## 3. 绵绵阴跌

▶ **基础速读**

（1）绵绵阴跌组合一般由多根小阴线与小阳线组成（不少于八根），它们总体会呈现下跌的趋势（如图2-28所示）。

图2-28　绵绵阴跌组合示意图

（2）该种组合中的K线如果单个出现并不会有很大的影响，可一旦它们积累起来，拉低股价的力量绝对不比任何一种特殊组合的力量弱，它们甚至可以使股价形成超长时间的下跌。

（3）如果股民朋友在实战中遇到该种组合，一定要进行有效止损，从而避免更大的损失。没有购入该类股票的股民不要随意介入其中。

▶ **实盘精解**

在2017年5月至6月这段时间里，浙江东方（股票代码：600120）的股价出现了连续11天的下降，形成了绵绵阴跌组合，到2017年6月2日更是收出最低价23.81元。虽然每一根阴线的力量都不是很大，但是它们组合在一起的危害绝对不能小看（如图2-29所示）。

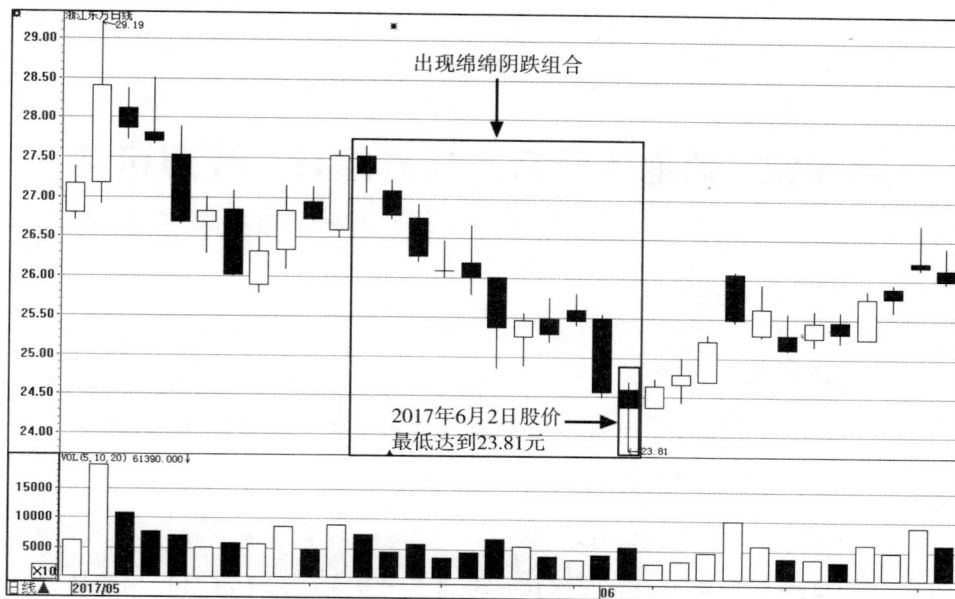

图2-29　2017年5月至6月浙江东方的K线图

## ※ 高手如是说

当下跌组合出现之后，股民朋友们一定要保持十足的警惕，尽快出手自己所持的股票，经过一段时间的观察之后才可以决定是否再次购入。在出现下跌组合的时候，股民朋友们一定要保持看空的心态，及时出手。

# 第五节　两面性组合：特殊组合，无限可能

## 》 形态识别

（1）在K线组合中，除了能够明确判断是涨还是跌的特殊组合以外，还有一些时而代表涨、时而代表跌的两面性组合。

（2）这些组合一旦出现，就很容易让股民朋友们摸不着头脑，比如大阳线。大阳线本身是一种带有积极走势意义的K线，但是在实际的股市中它的组合未必如此。

（3）研究、判断这种具有两面性的K线组合时，必须同时观察它们出现的位置以及对应的成交量的变化，综合多种因素才能判断出它们究竟是让人欢喜的还是使人忧愁的。

（4）"黑三兵"、尽头线、镊子线都属于比较常见的两面性组合。

（5）"黑三兵"顾名思义都是由阴线组成，通常是三根小阴线。

（6）尽头线是指K线的上影线或者下影线的右侧藏了一根比较小的K线。

（7）镊子线通常由三根K线组成，中间的K线较短。

## 》 应对策略

（1）两面性组合的出现，往往对后市行情有不同的影响作用。

（2）通常在一段涨幅之后出现"黑三兵"组合意味着行情下跌，而在一段下跌行情之后出现"黑三兵"则代表上涨行情。

（3）尽头线出现的位置不同，往往有不同的技术含义。

（4）镊子线出现在上涨行情尾端，意味着行情将由涨势转为跌势；相反，如果在跌势中出现，则意味着后市行情将会由跌势变成涨势。

（5）投资者要根据两面性组合出现的不同位置进行具体分析。

# 1."黑三兵"

## ▶基础速读

（1）"黑三兵"也被称为"绿三兵"，是由三根小阴线组成的，这三根小阴线的开盘价、收盘价、最高价、最低价全部是一天比一天低的（如图2-30所示）。

图2-30 "黑三兵"示意图

（2）当"黑三兵"表示下跌行情时，一般出现在股价经过一段时间的大幅上涨之后。此时出现"黑三兵"意味着原本的上涨行情即将走到尽头，股价即将进入下跌的行情中。

（3）当"黑三兵"表示上涨行情时，一般出现在股价经过一段时间的下跌之后。此时"黑三兵"的出现意味着这一阶段的下跌行情已经接近尾声，股价即将由跌变升。

（4）根据"黑三兵"出现的具体位置，股民朋友们需要进行具体的考虑，即涨势之后需要出（抛出手中的股票），跌势之后需要入（相应地买入部分股票）。当然，要出货还是建仓得根据具体的情况而定。

▶ **实盘精解**

雅戈尔（股票代码：600177）的股价在2017年5月下旬一路走高，2017年5月31日收出了一根小阴线，同时股价达到了最高点14.36元，后面两日又收出了两根小阴线，三根阴线共同组成了"黑三兵"。之后股价暴跌，在6月6日更是收出了最低价9.59元。之后的股价虽然又上升了一点，但整体来说还是处于低迷的态势（如图2-31所示）。

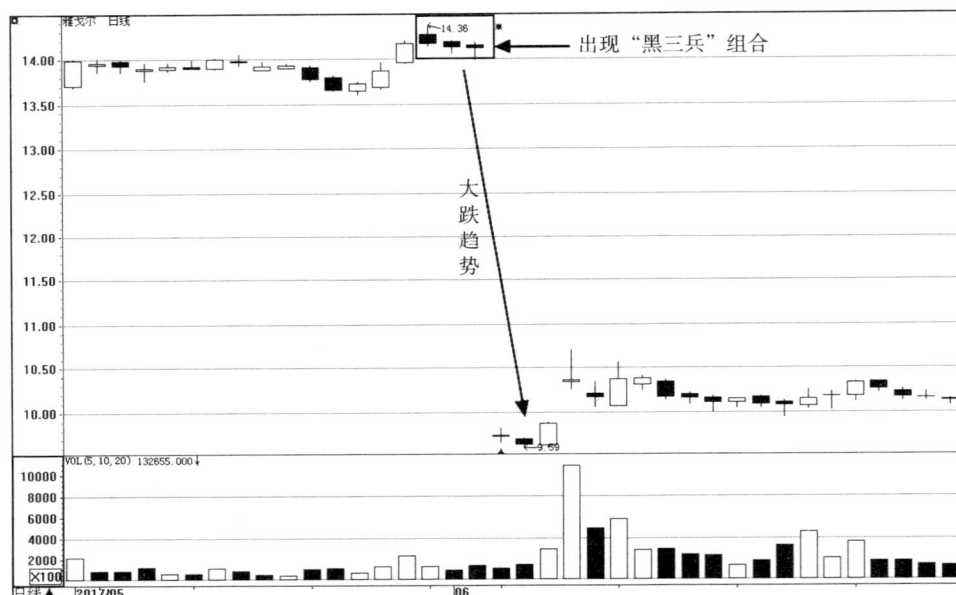

图2-31　2017年5月至6月雅戈尔的K线图

## 2.尽头线

▶ **基础速读**

（1）尽头线通常是指在K线上影线或下影线的右侧藏着一根较小的K线（如图2-32所示）。

图2-32　尽头线示意图

（2）尽头线正如它的名字一般，一旦出现，就意味着原有的趋势将要结束，转而发生改变，可以将它认定为一种转势信号。

（3）比如在股市行情一片大好的情况下，一般人都会认为该情况应该会继续保持一段时间，但是当一根可以完全覆盖阳线上影线的小阴线（小阳线）或十字线出现后，股价就很有可能会下跌。

（4）再比如在下跌的行情中，大阴线的后一日收出一根可以完全覆盖阴线下影线的小阳线（小阴线）或十字线的时候，后面的股价就很有可能上升。

（5）当尽头线组合出现在股价上涨一段时间之后，表示股价很有可能下跌，股民朋友们应该考虑进行减仓操作。

（6）反之，当尽头线组合出现在股价下跌一段时间之后，则表示股价很有可能上涨，股民朋友们应该考虑适当地购入股票。

▶ 实盘精解

吉林森工（股票代码：600189）的股价在2017年6月底经过了一波大幅上涨行情之后，忽然收出了一条完全覆盖之前所有阳线上影线的小阴线，尽管当天出现了最高价10.95元，但后面的股价却是一路下跌的，在7月17日更是跌到了最低价7.95元，之后股价虽然有所回升，但整体还是呈现一种下跌的态势（如图2-33所示）。

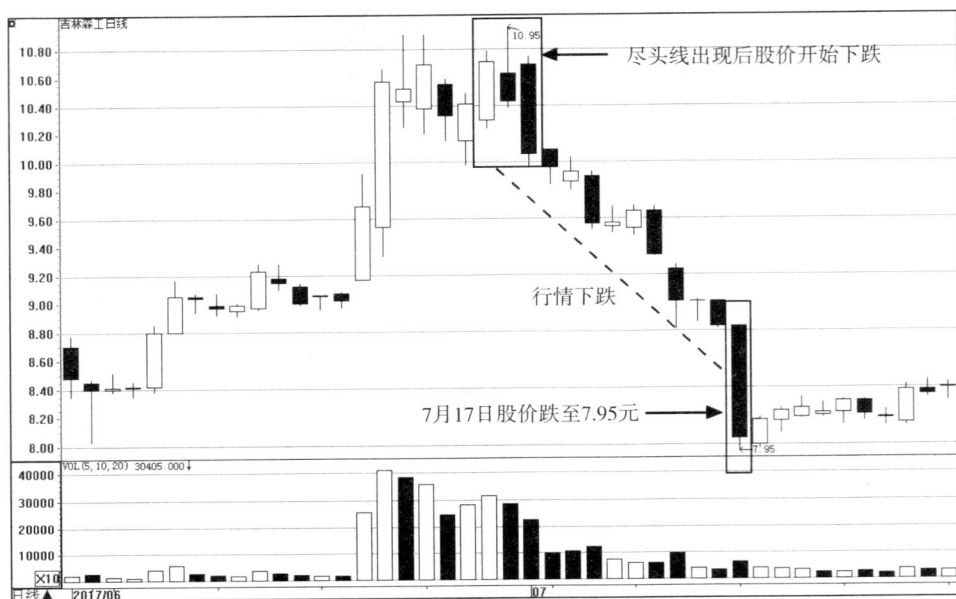

图2-33　2017年6月至7月吉林森工的K线图

# 3. 镊子线

## ▶ 基础速读

（1）由三根K线组成的镊子线也是K线两面性组合中的一种，它和其他组合一样，既有可能出现在股价上涨的过程中，也有可能出现在股价下跌的过程中。

（2）出现在涨势之中的镊子线，中间的那条K线虽然比较小，但是几乎位于左右两根K线的顶部，三根K线的最高价大致处于同一水平线之上（如图2-34所示）。

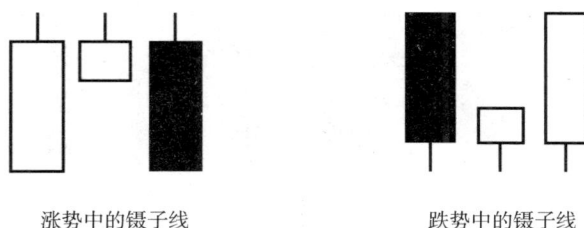

涨势中的镊子线　　　　　　　　跌势中的镊子线

图2-34　镊子线示意图

（3）出现在跌势中的镊子线，中间的那条K线也比较小，与在涨势之中有所不同的是，它几乎位于左右两根K线的底部，并且三根K线的最低价大概是在同一水平线上的。

（4）假如在涨势之中出现镊子线，尤其是在涨幅较大的情况下，表示股价很有可能会转势向下，变为跌势。

（5）假如在跌势之中出现镊子线，尤其是在跌幅较大的情况下，那就表示股价很有可能会转势向上，变为涨势。

（6）在涨势之中遇到该种组合，股民朋友们最好考虑尽快减仓。

（7）在跌势之中出现该种组合，股民朋友们最好考虑做多。

▶ **实盘精解**

中再资环（股票代码：600217）的股价经过一段时间的下跌之后，在2017年7月17日收出了一根大阴线，打破了之前几乎一直横盘的局面，并将股价拉到了最低的5.82元，之后两天分别收出了两根小阳线，与大阴线共同组成了镊子线的形态。该组合出现之后股价开始一路上涨，摆脱了跌势（如图2-35所示）。

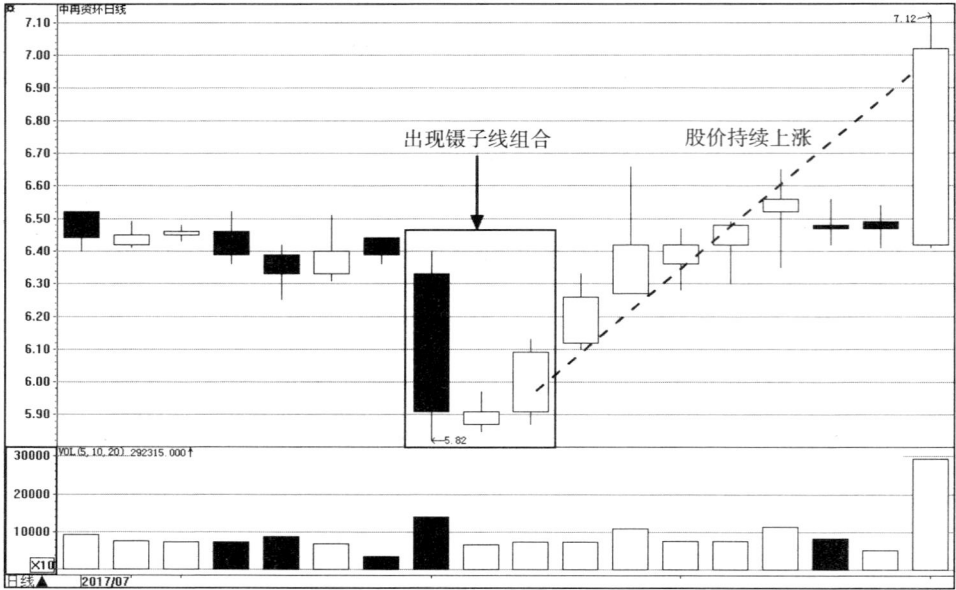

图2-35　2017年7月中再资环的K线图

## ※ 高手如是说

遇到以上几种具有双面性质的K线组合时，股民朋友们要仔细地辨别大趋势的走向，利用多种因素如成交量、所在位置等综合判断。不要盲目地、急迫地进行操作，避免因个人判断失误造成损失。

# 第三章

# K线反转形态：
# 揭示最佳买卖点

　　除了以上介绍的K线组合以外，还有一些比较重要的K线形态。K线形态可以分为两种：一种是反转形态；一种是整理形态。反转形态正如其名，该种形态一旦出现就意味着原有的股价形势即将发生转变，跌势变涨，涨势变跌，是非常实用且非常重要的走势形态。实际的股市投资之中有着多种多样的反转形态，只有掌握了多种反转形态，股民朋友们才能更好地预测后市的股价，寻找更合适的买卖时机，成为股市中的大赢家。

# 第一节　头肩顶和头肩底

## 》 形态识别

（1）头肩顶组合通常由左右肩、头部及颈线几个部分构成，是常见的反转形态。

（2）头肩底是头肩顶的倒立形式。

（3）头肩顶和头肩底组合的出现往往意味着行情将发生反转。

（4）头肩顶通常出现在一段上涨行情之后，而头肩底往往出现在下跌行情中。

## 》 应对策略

（1）头肩顶组合一般会出现在股市行情非常好的时候，该种组合出现的时候就意味着牛市即将结束，熊市即将到来。

（2）头肩顶形态出现之后，股民朋友们最好卖出手中的股票。

（3）头肩底组合意味着经过了一段时间的下跌态势，即将转变为涨势。

（4）股民朋友们可以在出现头肩底组合时选择买入适当的股票。

## 1.头肩顶

### ▶基础速读

（1）在牛市刚刚开始的时候，股民朋友们的投资热情比较高涨，形成了图3-1中的1号高点，也就是头肩顶组合中的"左肩"。

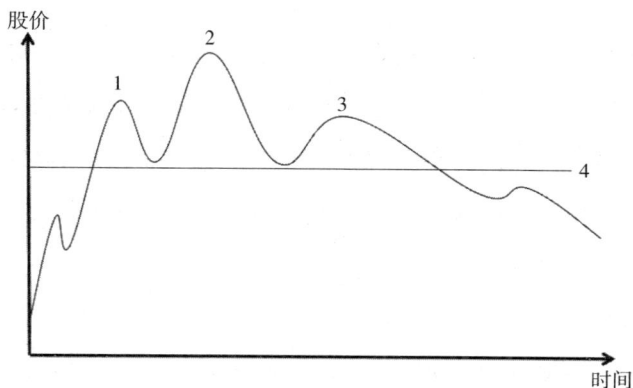

图3-1　头肩顶示意图

（2）处于牛市中的股价经过一段时间的上升之后，会有一小段时间的回落调整。错过了上一次投资的股民朋友们会在这一调整期间进行买入，股价自然会随之升高，并且股价会高于此前所形成的高点，达到新的高峰，也就是图3-1中的2号点，也是头肩顶形态中的"头"。虽然从股价上看股市依然是很乐观的，但是成交量已经大不如前了，这就意味着多方的力量即将耗尽，无法继续维持股价的高走态势。在这之后，股价将会被不再继续看好该股的股民们拉低。

（3）当然后期还是会有一部分后知后觉的股民认为该股可以继续上涨，因此买入该股，这也是第三次股价的上涨，也就是图3-1的3号高峰点。但由于买方主力早已介入甚至有一部分已经开始卖出手中的股票，因此这次的涨幅不会再高过2号高点，于是3号高点就成为头肩顶组合中的"右肩"。此时的成交量已经大不如前，股市的下跌状态已有雏形。

（4）3号高点之后股价开始新一轮的下跌，并且下跌的幅度会超过之前下跌的幅度，也就是跌穿颈线，即图3-1中4号线的位置，此后股价将会出现一次大的下跌。

（5）头肩顶组合是一个长期性的反转形态，一般情况下该形态会出现在牛市的末期。当最近的最高价高于之前形成的最高价，且成交量相对较低的时候，就意味着头肩顶组合很有可能出现。当第三次升高的股价无法回升到第二次形成的高位，同时成交量依然保持着下降的态势的时候，部分敏感的股民就会选择尽快抛出手中的股票，及时出逃。当跌势突破颈线的时候就是脱手的最后机会。虽然股价已经较之前有所下跌，但此时只是股价下跌的开端。

▶ **实盘精解**

中直股份（股票代码：600038）在经过一段上涨行情后，股价出现了一个新高，之后开始进入到整理阶段，在2017年2月8日收出最高股价55.56元，这之后股价又开始进入新的调整阶段，虽然后面股价有两次升高，但是已无力再将股价拉到新的高点，这之后股价就开始了大幅度的下跌。如果股民没有在股价跌破颈线之前出手股票，那就意味着投资者将让到手的利益白白流失，甚至可能会被套牢而造成巨大的损失（如图3-2所示）。

图3-2　2016年11月至2017年4月中直股份的K线图

## 2.头肩底

**▶基础速读**

（1）头肩底组合一般出现在股价经过一段时间的下跌行情之后（如图3-3所示）。在那之后买方开始奋力反抗，股价会有小幅度的回升，形成第一次反转，也就是图3-3中的1号点，该点是头肩底组合中的"左肩"，成交量会相应增多。

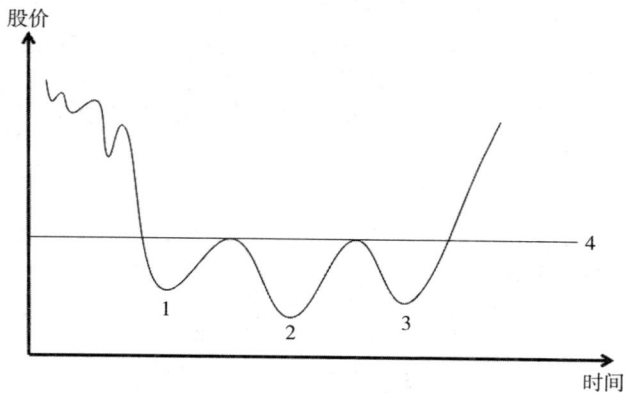

图3-3　头肩底示意图

（2）空方当然不会那么容易就让股价回升，因此股价会出现新一轮下跌，并且跌破之前形成的最低点，成交量也会因为股价下跌再一次回落，形成最低点也就是2号点，该点是头肩底组合中"头部"的位置。

（3）股价再次反弹并在上一次反弹的高点位置受阻，股价又下跌到位置"3"，这就是"右肩"，此时成交量明显萎缩。

（4）当走势趋于平稳后，股价快速上涨，同时成交量逐渐放大，至此形成头肩底形态。

（5）头肩底是很典型的趋势反转，一旦该形态形成，上涨幅度多数情况下都会高于其走势中的最小升幅。简而言之，一旦某一股票走势被认定为头肩底形态，那么通常代表行情的下跌走势将要终止，最低股价已经在"头部"位置出现过，就算股价有一次下跌，其跌幅也会被控制在一定的范围内，买方和支持力量正在不断集结。

### ▶ 实盘精解

万泽股份（股票代码：000534）的股价在2017年3月经过一段时间的下跌后，形成了头肩底形态。整个头肩底完成后股价开始大幅度上涨，截止到2017年9月5日股价已经从头部位置的10.07元上涨到了15.96元。后市股价如何发展我们无法精确预测，但是从已经完成的轨迹看，万泽股份耗时几个月形成了一段完美的头肩底形态。如果投资者能及时发现并抓住这波行情，相信会得到可观的收益（如图3-4所示）。

图3-4　2017年1月至9月万泽股份的K线图

## ※ 高手如是说

1.头肩顶组合的出现，通常意味着后面的股价会发生大幅度的下跌，如果股民朋友们发现自己所持有的股票出现此种形态，那么应该时刻做好抛出手中股票的准备。

2.在头肩顶组合出现后，卖出股票最好的时机就是股价跌破颈线的时候。

3.头肩底组合出现通常表示后面股价上涨的可能性较大，投资者如果发现这种行情，可以先关注一段时间，做好买进的准备，以免错过获利的良机。

4.头肩底组合买进的最佳时机就是股价突破颈线的时候。一旦股价上涨超过了颈线，就意味着后市涨幅不会太小，此时才是最佳介入时机。

# 第二节 圆弧顶和圆弧底

## » 形态识别

（1）圆弧形态分为圆弧顶和圆弧底两种，相较于其他反转形态来说，这种形态在股票技术分析中出现的频率要低很多。

（2）圆弧顶形态代表着趋势渐进、平缓的变化，因此整个形态的完成需要耗费的时间较长。

（3）圆弧底的走势恰恰与圆弧顶相反，是一种底部反转向上攻的碗状趋势。

## » 应对策略

（1）出现圆弧顶形态多表现为弱势行情，面对这样的走势，大多数投资者会选择停留修正，慢慢恢复元气。

（2）当圆弧顶（底）形态完成后，股价会出现反转，行情爆发，涨跌速度快。在实际的走势中，圆弧顶的出现预示着后市股价即将下跌，反之圆弧底则是股价回升的预兆。

## 1. 圆弧顶

### ▶ 基础速读

（1）圆弧顶的形成大多先呈现出弧形上升的趋势，也就是图3-5中

"1"的位置，此时股价虽然保持上涨的势头，但是维持一段时间之后，涨势趋缓并逐步出现衰竭，随后股价的涨势开始缓和并出现回落（如图3-5所示）。

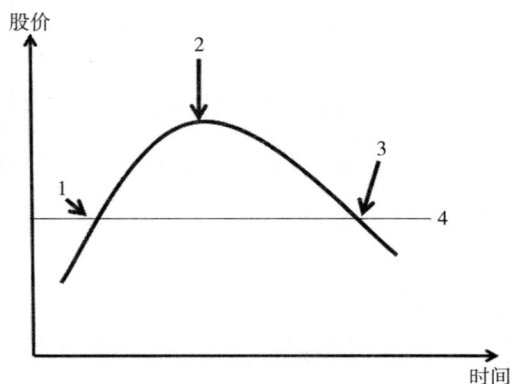

图3-5　圆弧顶示意图

（2）最初新高点的形成往往会比前一个高点稍微高些，当股价涨到顶点也就是图3-5中"2"的位置时，高位平走出现盘局。而后的回升点都略低于前一个高点，股价到达"3"的位置。

（3）当股价完成图中三个点的运行轨迹后，将这段短时期内形成的高点连线就可以看到圆弧顶了，此时成交量同样会形成圆弧状。将"1"与"3"进行连线，就是该圆弧顶的颈线，也就是图中的直线"4"。

（4）买方在一段时间内维持股价上涨趋势后力量逐步减弱，由于无法保持原有的购买力，因此上涨的趋势有所缓和。与此同时卖方力量不断增强，当双方力量趋于均衡时就出现了股价中的最高点。此时的股价虽然仍处于高位但基本保持平整状态，一旦卖方力量大于买方力量，股价便开始回落。因此，很多先知先觉的投资者往往会选择在圆弧到顶前抛售股票。

（5）但需要引起股民朋友注意的是，在一些特殊情况下圆弧顶出现时股价并不一定会马上下跌，而是重复横向的发展，形成徘徊区域，我们将该区域称作"碗柄"。通常情况下，碗柄很快会被突破，之后的股价走势就会如我们预料的那样开始下跌。

**▶实盘精解**

兴民智通（股票代码：002355）经过一段时间的平稳走势后出现圆弧顶形态。股价经过不断上涨，于2017年3月14日到达最高点16.09元。在保持两个交易日的平整状态后股价开始出现下跌趋势，最终形成圆弧形态。2017年3月23日，兴民智通股价下跌到圆弧顶的起始价格，并持续跌穿颈线。此时如果选择抛售股票，就能避免后市股价大幅度下跌造成的损失（如图3-6所示）。

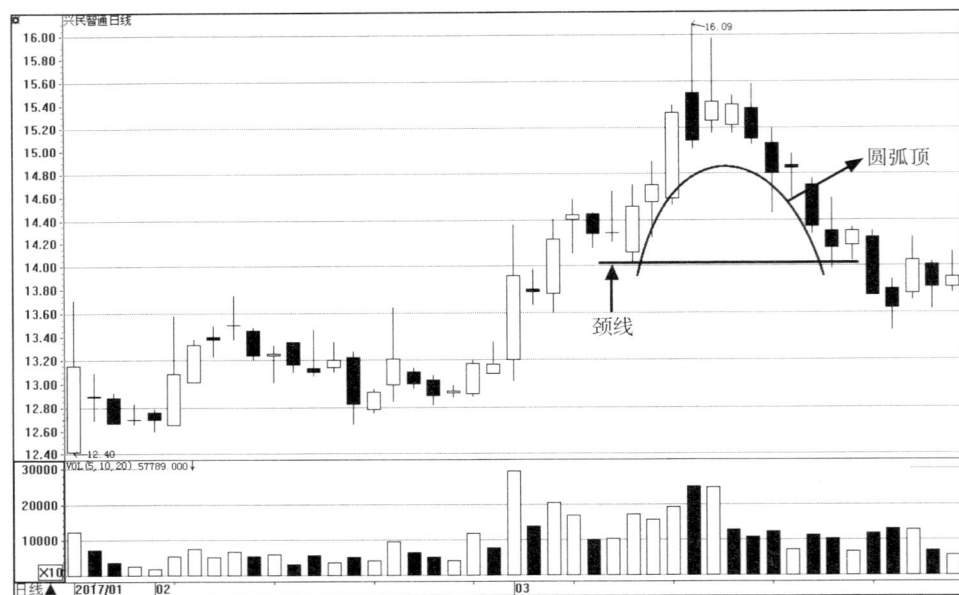

图3-6　2017年1月至3月兴民智通的K线图

## 2. 圆弧底

**▶基础速读**

（1）圆弧形态在盘面的顶部和底部都能出现，上文中我们提到的圆弧顶就是K线在顶部形成的圆弧形状，接下来我们要说的圆弧底形态则是在底部区域形成的（如图3-7所示）。

股价

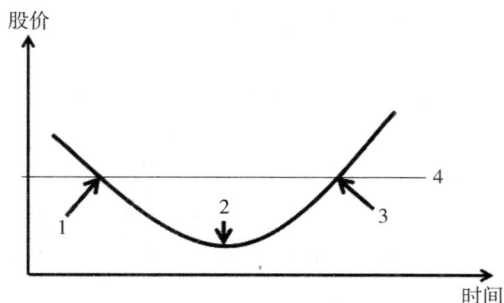

时间

图3-7　圆弧底示意图

（2）当股价在底部呈现出圆弧形时，股价具体表现为下跌趋势。起初，卖方压力不断降低，从而导致成交量减少，与此同时买方力量却毫无动静，因此形成图中的位置"1"。

（3）之后股价顺势下跌，但幅度逐渐减小，当下跌幅度逐渐趋于水平走向时，便形成了圆弧底的最低点即图中"2"的位置。

（4）当处于最低点时，买卖双方力量均衡，因此成交量较低。随后买方力量突破僵局，不断买入，股价走高出现上涨趋势，最终到达位置"3"。至此，圆弧底的形态已经形成，而细心的股民可以从这波走势中发现成交量与股价的走势相同，也形成了圆弧状，这也是判断圆弧底是否形成的依据。

（5）当股价完成了图中三点的运行轨迹之后就形成了圆弧底，顺势将"1"与"3"进行连线就能得到圆弧底的颈线，也就是图中的直线"4"。

▶ 实盘精解

杭锅股份（股票代码：002534）于2017年8月4日出现下跌趋势并逐渐形成了圆弧底形态。股价先经过一阵猛烈的下跌，最终在8月14日形成了圆弧底的最低点。在之后的几个交易日中股价开始回升，成交量也在逐步增加。股价出现圆弧底形态时，可以发现成交量的态势也呈现出圆弧状。2017年8月22日，股价回升趋近于上一个高点，此时及时抓住最佳买入点的股民朋友就能获得一波上涨行情（如图3-8所示）。

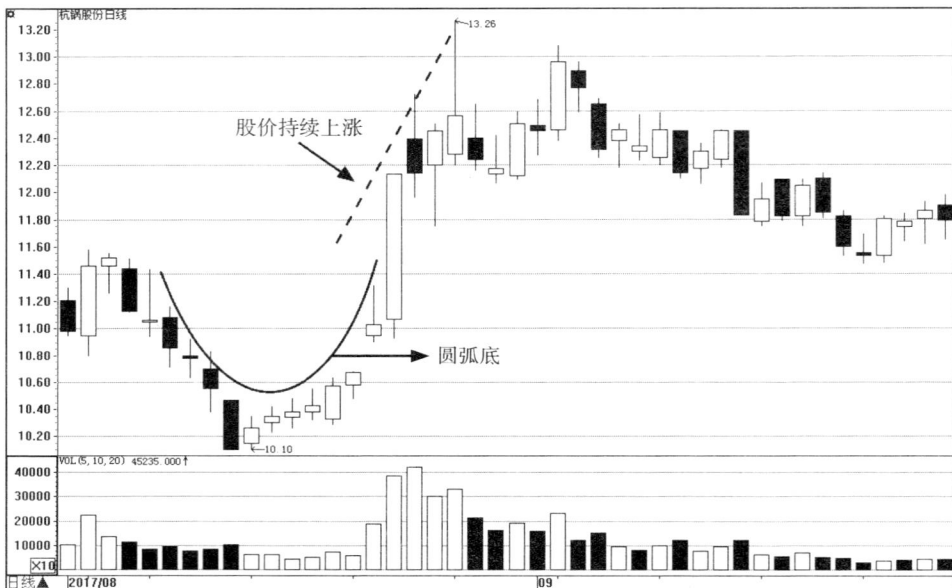

图3-8　2017年8月至9月杭锅股份的K线图

## ※ 高手如是说

1.出现圆弧顶大多是在股价上涨的后期阶段，它的形成意味着股价将出现下跌，了解圆弧顶特征的股民朋友在面对这种形态时应该及时抛售股票。

2.当出现圆弧顶形态时，最佳卖出点是在股价跌到颈线位置时。

3.与圆弧顶相反，股价下跌末尾阶段是圆弧底的发生时期，它的出现被很多人认为是股价即将发生反转的信号，即变化趋势由跌转升。

4.当一只股票形成圆弧底形态后，股民最佳的买入点是股价冲破颈线的时刻。

# 第三节 双重顶和双重底

## » 形态识别

（1）双重顶和双重底是股市中较为常见的形态，因此具有较大的影响。

（2）双重顶形态通常由两个顶峰构成，如同两座相连的山峰。

（3）将双重顶倒立过来就形成了所谓的双重底。

## » 应对策略

（1）出现双重顶和双重底形态，后市行情大致可以被预测。

（2）当出现双重顶时，多数情况下预示行情走势将会出现大幅下跌。

（3）反之，双重底的出现预示着后市将出现上涨行情。

## 1. 双重顶

### ▶ 基础速读

（1）当一只股票在连续上涨的过程中涨到某一价格时，成交量显著增加，随后股价掉头回落，成交量相应地逐渐减少。

（2）紧接着股价再度反弹至前一个高点附近，但此时成交量与第一个高峰相比却稍有收缩，之后出现第二次下跌。股价整体移动轨迹犹如字母

M，即"双重顶"，在实际操作中常被称作"M头"或"双顶"（如图3-9所示）。

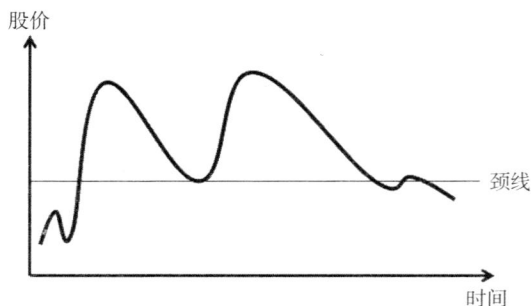

图3-9　双重顶示意图

（3）双重顶的形状像极了两座相连的山头，是股价出现反转的信号。出现双重顶时，大多数情况代表着股价涨势已经进入收尾阶段。

（4）当完成M形轨迹后，双重顶的最高顶点可以被认为是该股目前阶段中的最高点，股价跌破颈线时就是股民出货的最佳时机。

▶ **实盘精解**

沧州大化（股票代码：600230）的股价从2017年6月开始，经过一段时间的大幅度增长后逐渐形成了两个相近高度的点位。从成交量上可以看出，第二个高点的成交量与第一个高点相比较有所缩小，因此说明该股发出的反转信号有较强的可信度。当第二个顶部出现以后，盘面出现了大幅下跌（如图3-10所示）。

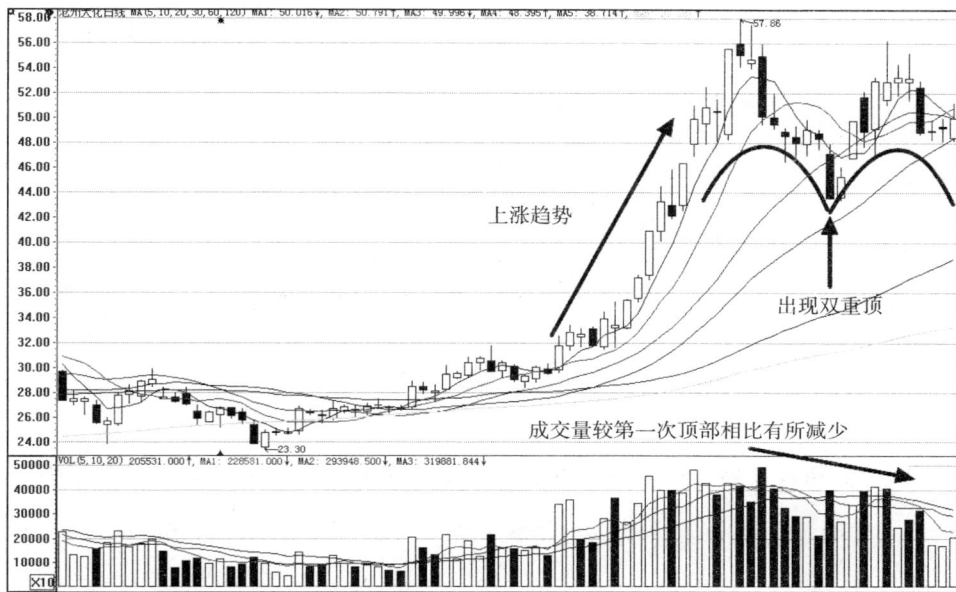

图3-10 2017年5月至8月沧州大化的K线图

## 2. 双重底

### ▶ 基础速读

（1）当股票大幅度下跌至一定点后发生技术性反弹，但回升幅度不大，且时间也很短。

（2）随后股价出现二次下跌趋势，当下跌到第一次低点附近时会遇到一股有效的支撑力，股价呈现反转回升的态势，此时就形成了第二个低点。股民们可以发现第二次上涨的成交量比之前一次反弹时更大一些。将这段时期内股价运动的轨迹进行连线，"W底"就形成了，这就是双重底的形态特征（如图3-11所示）。

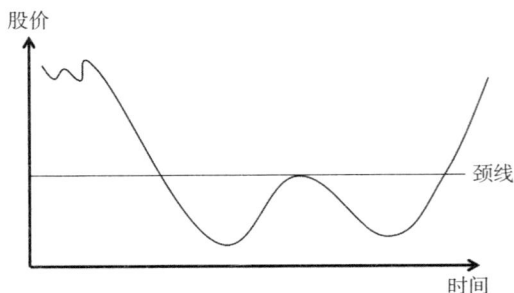

图3-11　双重底示意图

（3）和双重顶一样，双重底也是K线中最常见的反转形态。当股市中出现双重底时，就预示着下跌的行情快要结束了，一般情况下后市将出现一波上涨行情。

（4）大多数情况下，双重底会出现在一波股价大幅度下跌之后，此时股价较低，同时成交量也到达相对较低的点。当股价经过大幅度上涨从而突破双重底的颈线位置时，很多进取型的投资者会认为此时股价较低，正是一个较为可靠的市场进入点。

▶ **实盘精解**

中科创达（股票代码：300496）的股价在2017年7月6日经过长时间大幅度下跌行情后，出现了双重底形态。从成交量看，该股形成第二个低点的成交量明显大于前一个低点形成时的成交量，因此可以认定中科创达该阶段构成的就是双重底。

当形成第二个低点之后，该股开始呈现上涨趋势。2017年9月4日该股上涨到最高价38.50元（如图3-12所示）。

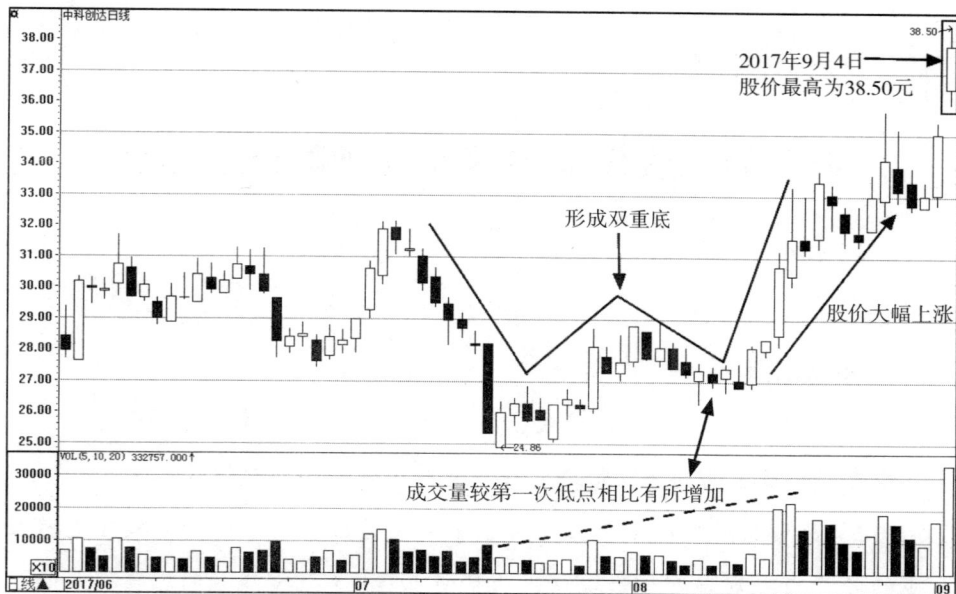

图3-12 2017年6月至9月中科创达的K线图

## ※ 高手如是说

1.双重顶形态的轨迹与字母"M"相似，双重顶形成后一般预示着后期股价将由涨转跌。

2.双重顶产生之后，股价跌破颈线可以认定为可靠的反转信号，此时投资者最佳的操作策略是及时止损离场。

3.双重底的K线形状如同字母"W"，可以认为是双重顶的倒立形式。它发出的信号与双重顶正好相反，一般暗示着股价由下跌趋势转变为上涨行情。

4.需要注意的是，并不是每次出现双重底就代表着行情将会发生反转，特殊情况下也可能是股价整理形态。因此一定要仔细判断，否则就会错误地将其当成反转信号，从而造成损失。

# 第四节　底部岛形反转和顶部岛形反转

## »　形态识别

（1）岛形反转分为两种形式，即底部岛形反转和顶部岛形反转，是股票行情走势中最重要的反转形态，往往透露出强烈的反转信号。

（2）岛形反转是一个孤立而又密集的交易区，它与先前的股价趋势及后市的趋势之间都隔着一个缺口，从盘面上看这部分K线如同漂离海岸的小岛，这就是其名称的由来。

（3）底部岛形和顶部岛形的图形互为相反。

## »　应对策略

（1）顶部岛形反转多数情况意味着涨势结束，下跌即将开始；而底部岛形反转则恰恰相反，预示着股价趋势将会由下跌转为上涨。

（2）大多数情况下出现岛形反转，股价走势会向相反方向发展。根据这一特征，投资者遇到这样的行情应当根据不同的岛形反转形式果断做出买入或卖出的决定。

## 1. 底部岛形反转

### ▶基础速读

（1）股价有了一定的跌幅后，突然在某一时间出现跳空低开，股价左端出现了一个下跌缺口，之后的几个交易日内股价继续下跌。

（2）当卖方力量开始出现衰竭时，股价便不再下跌而是趋于平稳，慢慢地有了抬头的迹象，股价开始走高。不久之后，股价在推动下向上跳空并突破缺口继续上涨，这个向上跳空缺口就是底部岛形反转的右端缺口。可以发现左右两端的跳空缺口大致处在同一价格区域。从K线图上可以直观地看到，股价被明显地分为两个区域，至此，底部岛形反转就形成了（如图3-13所示）。

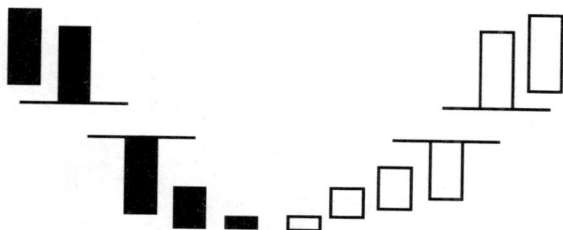

图3-13　底部岛形反转示意图

（3）一般情况下，底部岛形反转形成时成交量会大增。倘若成交量很小，就很难认定这个底部岛形反转是真实有效的。

（4）底部岛形反转的出现大多表明股价开始见底回升，是趋势转暖的一种信号，后市股价看涨，股民朋友可以择机进入。

（5）多数情况下，这种反转形态被确立后，其转向趋势一般不会顺利地形成，买卖双方总要经过一段时间的激烈搏斗，但整体局势还是有利于买方。

（6）一般来说，底部岛形反转成立后股价都会在一段时间内出现激烈的震荡，但当股价突破右端的上升缺口时，这种震荡就会戛然而止，最后再度发力上升。

▶ **实盘精解**

厦门国贸（股票代码：600755）在一段下跌行情的末期突然于2017年7月10日出现了向下衰竭的缺口，不久后股价探底并逐渐有了回升的迹象，最后出现了向上跳空的趋势。从盘面走势中可以看出，左右两端形成跳空的位置大致在同一水平面上，可以说是用缺口补缺口，除此之外成交量也大幅增加，因此可以判断此次行情确实是底部岛形反转形态。在整个岛形形态形成期间，该股于2017年7月17日向下跳空至最低点位置8.00元。股价突破右端的向上缺口并构建完成底部岛形形态之后，该股走势便一路高歌（如图3-14所示）。

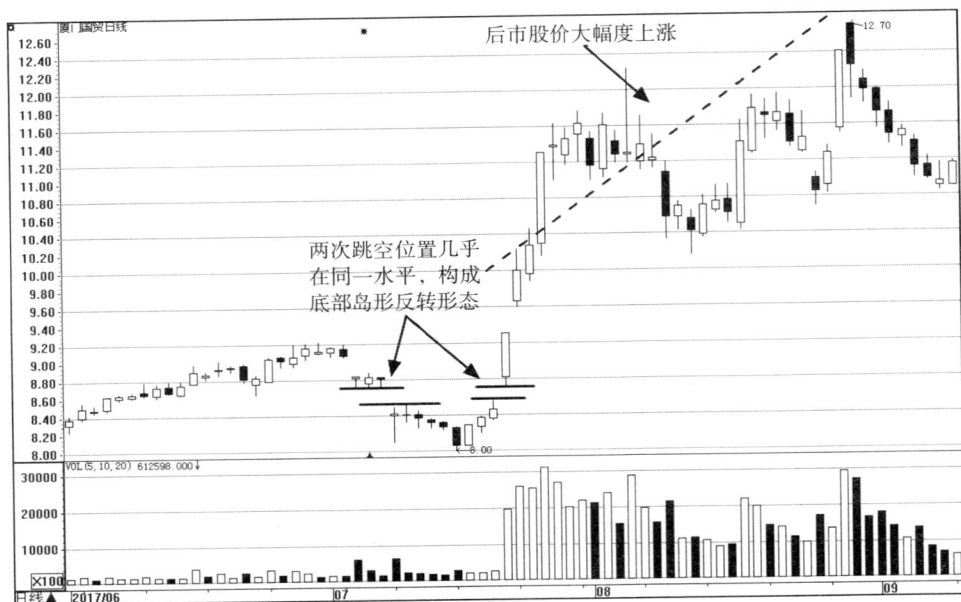

图3-14　2017年6月至9月厦门国贸的K线图

## 2.顶部岛形反转

▶ **基础速读**

（1）股价经过大幅度的上涨之后，某一交易日突然出现跳空高开的上升缺口，并且股价持续上升，随后在高位徘徊。

（2）一段时间后，盘面出现下跌突破性缺口，股价顺势一路下跌，下跌突破性缺口和上升跳空缺口的位置大致处于同一水平线附近。这就是顶部岛形反转（如图3-15所示）。

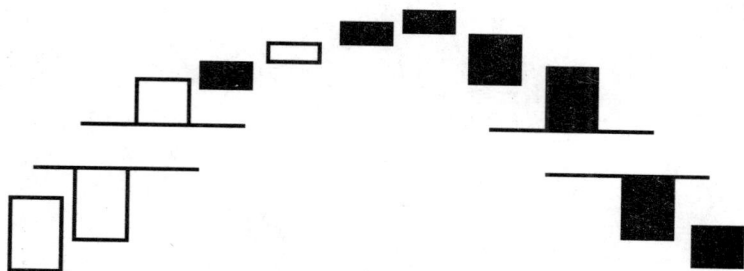

**图3-15  顶部岛形反转示意图**

（3）顶部岛形反转大多出现在股价上涨的顶部区域，在涨势中形成顶部岛形反转，一般情况下意味着大势减弱，可能要出现大的反转。

（4）该形态一经确认，近期股价走势将会进入恶化阶段。面对这种强烈的卖出信号，持有该股的投资者应当选择及时抛售。如果坚持持有，那么后市股价迅速下跌会给持股人带来更大的损失。没有入市仍在观望该股的投资者最好不要在此时介入，即使走势中途出现了反弹也尽量不要介入，继续寻找其他的优质股票才是最佳的投资策略。

▶ **实盘精解**

上证指数（股票代码：000001）在2017年4月5日跳空高开，与前一个交易日形成了第一个缺口，但在之后的几个交易日中都没有回补缺口。4月5日至4月14日期间，大盘震荡。4月14日股价出现滑落，收出一根大阴线，休市两日后在4月17日周一开盘时出现跳空低开低走的局势，形成了第二个缺口。4月17日形成的缺口正好位于4月5日形成的高开缺口位置附近，明显地构成了顶部岛形。从盘面中可以看到后市行情开始出现大幅度下跌，此次反转信号有效，同时也恰巧印证了股市中流传的"5穷"之说（如图3-16所示）。

两次跳空位置几乎相同，构成顶部岛形反转

后市行情下滑

图3-16　2017年2月至7月上证指数的K线图

## ※ 高手如是说

1.底部岛形反转构成后将使行情发生突转，股价趋势将由下跌转变为上升，对于投资者而言，最佳操作就是在岛形反转后，在股价向上跳空缺口的上方介入，或者也可以在行情持续上涨时突破上涨跳空缺口，获得支撑力后开始买进。

2.判断底部岛形反转是否成立，应当考虑到成交量与之前相比是否放大，如果成交量缩小，那么走势就不能被确认为是底部岛形反转形态。

3.当某一段走势被确认为顶部岛形反转形态时，说明该股近期走势由强转弱已是定局。如果投资者无法赶在下跌跳空缺口出现前及时平仓，那么顶部岛形反转形态完成的时候就是最后的出售时机。此时投资者不能再犹豫，及时抛售手中的股票才能避免遭受更大的损失。

# 第五节　V形反转和延伸V形反转

## » 形态识别

（1）在实战中，V形与延伸V形是最"神出鬼没"的反转形态，虽然这两种形态的出现令很多投资者难以判别，但是它们在股市中并不罕见。

（2）这两种反转形态通常出现在市场发生大幅度变动的时候。

（3）V形走势出现通常会在股价的底部或顶部区域形成一个转势点，转势点形成后走势将改变原本的运行轨迹并伴随股价的大幅度波动。

（4）延伸V形实际上是V形反转形态的一种特殊形式。

## » 应对策略

（1）反转形态的出现往往能改变行情原本的走势。

（2）V形反转的变化趋势很快且投资者很难准确辨别。

（3）V形反转出现往往会伴随成交量的放大，后市行情往往会上涨，对投资者来说是一个利好行情。

## 1. V形

### ▶基础速读

（1）在股市中V形反转一般出现在股价急速跌落之后，是强烈的涨势即将出现的信号。

（2）股价持续不断地下跌至末端，当空头力量得到了彻底的释放之后，多方力量开始积累，同时伴随着市场上出现各种利好股市的消息，股价开始迅速反转并掉头向上。具有敏锐嗅觉的投资者们蜂拥介入，不断推高股价，因此行情反转后涨势将持续较长时间，此时在盘面上就形成了"V"字形的移动轨迹（如图3-17所示）。

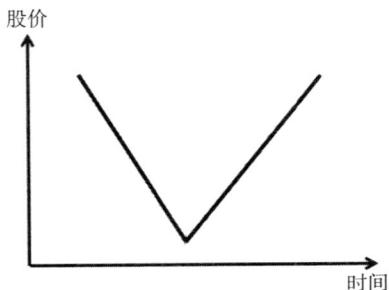

图3-17　V形走势示意图

（3）V形反转之所以让很多投资者难以辨别，是因为其形成之前并不会出现征兆，且走势变化的速度非常快，整体态势几乎不受控制。

（4）V形走势具有极强的持续力，因此走势的上涨下跌幅度令人难以具体预测。当某一只股票被确认为V形反转形态时，对投资者实战操作具有重要的价值和意义。

（5）V形走势往往伴随着成交量的改变，尤其是在转势点位置。当该走势快要形成时，成交量会随之增加，而行情到达转势点时一定也有明显的成交量配合。

（6）一般情况下，倘若走势在较短时间内出现大幅度下跌，力道越强，那么被认定为V形反转走势的概率也就越大。

▶ **实盘精解**

化工化纤（股票代码：991011）2017年经过长时间的深跌之后出现反

转，构成了明显的V形走势。2017年6月2日跌至低点位置4477.57，当日最高指数为4581.59。随后发生反转，整体趋势开始高走，截至2017年9月12日，指数已经达到了5539.02，将盘面放远看，K线走势形成了一个"V"字形状（如图3-18所示）。

图3-18　2017年4月至9月化工化纤的K线图

## 2. 延伸 V 形

### ▶基础速读

（1）延伸V形反转是V形反转的一种变形。股价在构成V形反转期间，下跌或者上涨的走势发生了异形变化，股价先形成一段横向走势的成交区域，随后这段徘徊区域被打破，横向运行结束，最后整个V形态势的后市继续发展（如图3-19所示）。

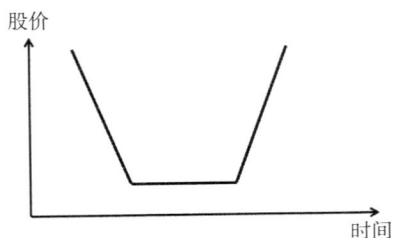

图3-19　延伸V形示意图

（2）简而言之，延伸V形反转就是在V形走势的中间插入一段横向走势。出现这样的变形，主要是由于部分投资者犹豫不决，无法准确认定V形反转是否会构成，从而对态势形成失去信心。但是当这种消极低迷的力量消除后，股价就会接着完成整个V形的后市发展。

（3）延伸V形和V形虽然走势出现了部分差异，但是同样具备强大的预测威力。在延伸V形的横向发展区域，投资者可以适量地低价买入，然后观望整体形态的构建。

（4）需要投资者注意的是，当延伸V形的横向徘徊区域被突破时，必须有成交量增加的匹配，如果成交量没有明显变化，那么该走势就不能被认定为有效的延伸V形反转。

▶ **实盘精解**

创业板指（股票代码：399006）2017年7月份经过一段时间的深跌后到达低点位置，当日最低指数1641.38。随后发生反转开始高走，截至2017年9月6日，当日最高指数为1902.86。回看整个盘面呈现出延伸V形轨迹（如图3-20所示）。

**图3-20　2017年5月至9月创业板指的K线图**

## ※ 高手如是说

V形与延伸V形是最强势的反转形态，它们构成速度很快，戏剧性的变化往往使后市股价的回升幅度变得更大。通常情况下，这两种反转形态开始形成的时候成交量都应该有明显的增加。投资者一定要经过反复确认后再出手，谨慎操盘才能减少失误，降低损失。

第四章

# K线整理形态：
# 把握个股异动的先兆

　　实战中，善于进行技术分析的投资者会发现，在一个反转形态中通常会出现很多的整理形态。K线整理形态是股价在上下波动过程中形成的过渡区域，纵观整个股市行情，很多股票走势中股价有大量时间都处于整理形态。受不同因素的影响，走势在整理过程中形成了各种各样的形态，每个形态都有其自身的意义和作用。因此对于投资者而言，如果能够准确地掌握这些形态并懂得如何分析，就能快速洞悉股市发出的信号指示，准确地把握行情日后的发展方向。

# 第一节　上升三角形和下降三角形

> ## 形态识别

（1）三角形整理形态是K线整理形态中最基本也最典型的一种，大致分为两种类型，即上升三角形与下降三角形。

（2）股市中之所以形成三角形整理形态，实际上是多空双方在某一价格区域中相互较量、争夺市场而导致的。

（3）这两种类型常常出现在股价上涨的中途或者底部区域，在实际的操作和技术分析中该形态具有极其重要的参考价值。

（4）三角形整理形态是一种持续形态，有其自身的特殊性。

> ## 应对策略

（1）一般情况下，形成上升三角形往往预示着后市行情将继续延续之前的上涨走势。

（2）下降三角形则预示后市行情下跌，但也存在各种特殊情况。

（3）投资者如果选择在行情突破上升三角形阻力线的时候进入，就可以吃到一波上涨行情。

（4）若是遇到下降三角形，则可以选择在行情向下突破支撑线时尽快减仓或者清仓离场，否则就会遭遇重大损失。

# 1. 上升三角形

## ▶基础速读

（1）多头行情的整理阶段是上升三角形一般会出现的地方。期间股价上涨但是很难突破某一阻力位置线，因此最高点大致都处于同一价位水平，如图4-1中的"1""2"两个位置。股价难以突破进而不断拉回修正，每一次回落股价的低点位置总是被逐渐垫高，最终形成了图4-1中"3""4"的位置（如图4-1所示）。

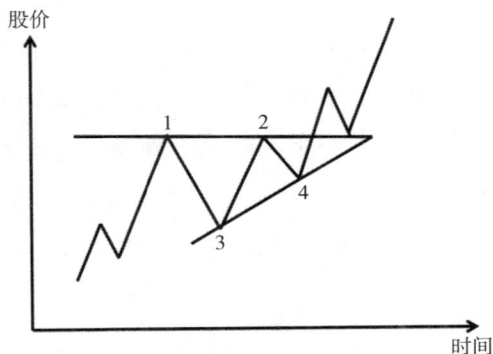

图4-1　上升三角形示意图

在盘面上将行情每次波动的高点（即"1""2"两点）进行连线便得到了阻力线，而将低点进行连线（即"3""4"两点）就可以得到一条倾斜向上的支撑线，两条延伸线之间就会出现向上倾斜的三角形，即所谓的"上升三角形"。

（2）成交量在上升三角形形态构成的过程中会不断减少，股价上升时成交量一般较大，而出现回落时成交量较少。

（3）上升三角形的趋势波动体现了买卖双方在一定范围内的对峙，当走势突破阻力线并开始上涨的时候都会伴随着成交量的放大。因此，成交量的配合是判断上升三角形是否有真实突破的关键性条件。

（4）通常情况下，上升三角形越早突破，后市的上涨机会就越大。而如果股价多次上探阻力线，但抛压没有因此而减弱，上升三角形长时间不能被突破，有可能就是个陷阱。如果主力完成出货并加入到空方阵营，这样的情形继续发展下去最终只能导致上升三角形无法被突破，甚至后续还会在发展过程中形成双重顶，那么后市行情将会出现大幅下跌。

（5）一般情况下当某只股票形成上升三角形后，后市将会出现一波上涨行情，此时投资者可以将其视为重要的介入信号。在实际的操作过程中，投资者可以选择在价格突破阻力线，行情开始小幅回落，再创新高时进入。

▶ **实盘精解**

北纬科技（股票代码：002148）在2017年年初就形成了上升三角形，1月16日上升三角形形态开始构建时，当日最高价仅为18.67元。在随后几个交易日，股价突破了上升三角形形态的阻力线并持续走高，到3月28日该股已经上涨到了22.88元。从盘面上可以看到股价突破阻力线时配合着成交量同步放大，增加了后市股价上涨的可能性（如图4-2所示）。

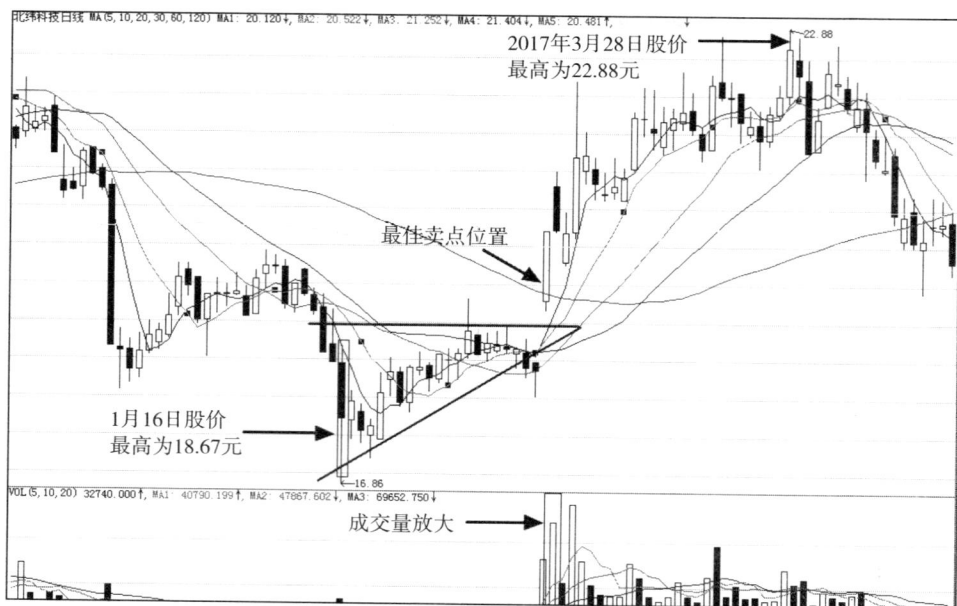

图4-2　2016年11月至2017年5月北纬科技的K线图

## 2. 下降三角形

▶ **基础速读**

（1）下降三角形和上升三角形恰好相反，常常形成于下跌行情过程中。股价在某一水平位置上具有相对稳定的购买力，价格每次回落几乎到达同一平面的时候便开始回升，因此形成了图4-3中的"1""2""3"三个总的位置。但是，由于市场中低价出售的力量不断增强，价格波动每次创造的高点都要比前一次的点低，从而形成了"4""5""6"点位。将"1""2""3"三点连线就形成了水平需求线，将"4""5""6"三点连线就形成了一条向下倾斜的线，如此便组成了一个下降三角形（如图4-3所示）。

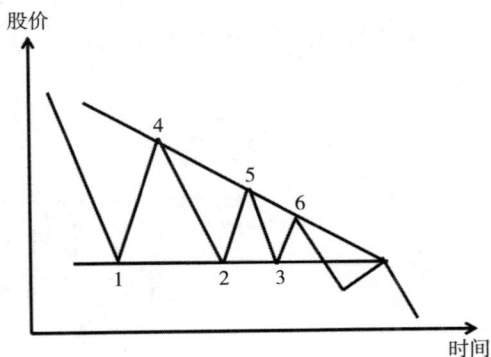

图4-3　下降三角形示意图

（2）下降三角形同样是买卖双方较量的体现，只是多空双方的力量情形与上升三角形正好相反。下降三角形形态中卖方会显得比较积极，他们抛售股票的意愿和情绪更高涨，因此不断地把股价向低压。

（3）出现反弹时成交量没有明显的增加，而下跌时成交量往往比反弹时更大。

（4）当行情出现此形态的时候，投资者切记不要贸然定位底部。在上升三角形形成过程中，如果行情已经到达三角形的末端，并且突破，那么多数情况下后市会出现一波利好行情。但是下降三角形可能会出现特殊情况，当股价跌破尾端，后市可能会先小幅下跌再反弹回升，也可能会继续保持下跌走势。

（5）突破该形态后，其股价也会经历一段回抽。回抽高点多数情况下会出现在下降三角形低点构成的水平线附近，在该位置获利盘不看好后市行情并大量抛出持股，进而导致股价继续下跌。面对这样的情况，投资者要在下降三角形发展到尾部时考虑减仓，才能降低自己的损失。

▶ **实盘精解**

宝钛股份（股票代码：600456）在2017年3月23日走势中出现了当日最高价26.28元，在之后的几个交易日中便逐渐形成了一个下降三角形形态。从盘面上可以看到，当该形态完成尾部构建后股价依旧持续下跌，到了5月11日宝钛股份的最高价仅为18.57元，但此时下跌的趋势仍然没有得到改变（如图4-4所示）。

图4-4　2016年11月至2017年5月宝钛股份的K线图

## ※ 高手如是说

1.上升三角形常发生于股价上涨的行情中，当该形态构建结束后，如果缺少主力操控，那么行情将上探突破，同时配合成交量的放大。如果成交量没有明显的变化，那么主力操控的可能性更大。

2.在K线整理形态中，下降三角形应该归结为弱势盘整，出现下降三角形往往预示着后期股市趋势转弱，股价出现大幅度下跌的概率较大，投资者一定要选择好时机，积极减仓，选择在股价回抽时进行抛售，才能规避风险。

# 第二节  上升楔形和下降楔形

## 》 形态识别

（1）楔形本身是数学中的一种图形，用于股市中往往代表着强烈的技术反弹特征。

（2）楔形形态在股市中分为上升楔形和下降楔形，在实战中出现的频次比较多。

（3）从图像上看，两种楔形形态与我们上节中提到的上升三角形或下降三角形有相似之处。

（4）从实战意义上看，上升楔形和下降楔形大不相同。准确把握好楔形形态，对投资者正确的策略布局有着重要的意义。

## 》 应对策略

（1）出现上升楔形和下降楔形意味着后市行情将要发生反转。

（2）上升楔形的出现配合成成交量的变化，后市行情看跌，投资者一样要找好时机及时出局。

（3）下降楔形往往意味着行情将由下跌变成上涨，把握住这一行情，投资者将获利丰富。

## 1. 上升楔形

### ▶基础速读

（1）上升楔形大多出现在大跌行情的回升阶段。

（2）股价经过一段时间的下跌之后出现了技术性的反弹，当反弹到一定高点便开始掉落，每一次回落点都比之前的更高，随后股价回升又创造出新的高点，经过几次来回震荡，股价震荡幅度逐渐变小，在盘面上形成了后浪高于前浪的形势。分别将这段时间内的短期高点和低点进行连线，就能得到上升楔形（如图4-5所示）。

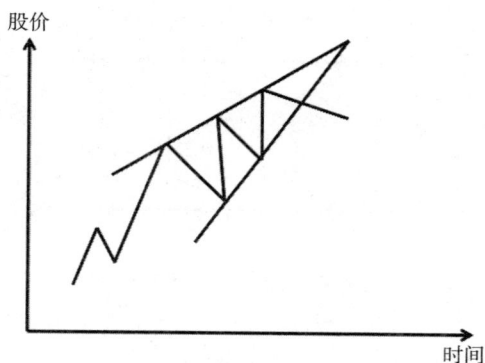

图4-5　上升楔形示意图

（3）上升楔形的类型有两种，即持续楔形和逆转楔形。之所以会形成持续楔形，主要是因为上升楔形在股价倾斜向上的过程中遇到了下降走势，成交量不断减少（如图4-6所示）。

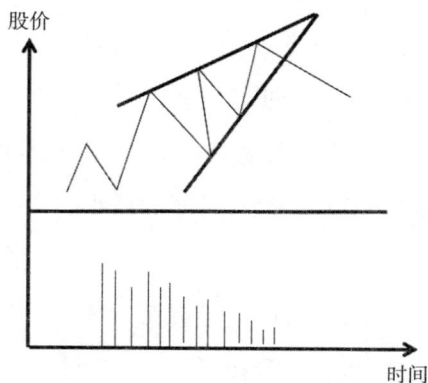

图4-6　持续楔形示意图

（4）逆转楔形同样表现为倾斜向上的趋势，但是成交量随着行情顺势上升（如图4-7所示）。

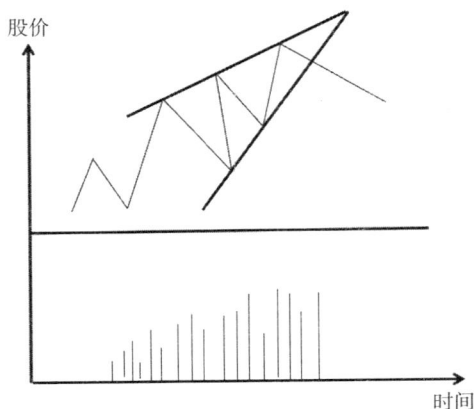

图4-7　逆转楔形示意图

（5）整个上升楔形的形成过程中成交量会减少，综合整体局势呈现出价升量减的反弹特点。

（6）当某一只股票被确定为形成上升楔形后，后市很有可能会出现反弹。因此，无论是上升楔形中的哪种形态，从具体的实战意义上来说都预示着行情的下跌。

（7）多数情况下，上升楔形的出现为投资者们提供了一个警戒信号，即后市股价仍然无法改变下跌的命运。因此，收到该信号的股民朋友应该清楚接下来的走势中股价上升只是进行反弹，而非下跌的反转。

（8）总的来说，上升楔形发展到最后股价一般都是往下突破的，但是有些特殊情况也可能向上突破，只是可能性极小。上升楔形形成后股价向上突破并非无端倪可寻，例如当一只股票在上升楔形形态内成交量出现放大的现象，同时在向上突破时放出巨量等情况，都可以认为是上升楔形向上突破。投资中需要随时密切注意上升楔形形成过程中成交量的变化，可以大致判断出后市是向上突破还是向下突破。

▶ **实盘精解**

金鸿控股（股票代码：000669）在2017年1月经过一波大幅下跌行情之后出现震荡反弹，走势逐渐形成了一个上升楔形。从图4-8中可以看出，在上升楔形完成后，该股开始向下突破，股价持续下跌。上升楔形的形成周期一般为三至六个月，持续的时间越长，后市下跌的概率和力度就越大。面对这样的情况，投资者一定要警觉起来，及时做出判断（如图4-8所示）。

图4-8 2016年10月至2017年5月金鸿控股的K线图

## 2. 下降楔形

▶ **基础速读**

（1）经过一波上涨行情之后，股价在高点出现回落，当下跌到某一个低位时又再次回升，但是回升的高点却比前一高点要低，甚至两点之间相距较远，之后再次回落。第二次下跌跌破了上一次的低点，随后迅速回升。在该区域内用直线分别将高点和低点进行连线，就是下降楔形（如图4-9所示）。

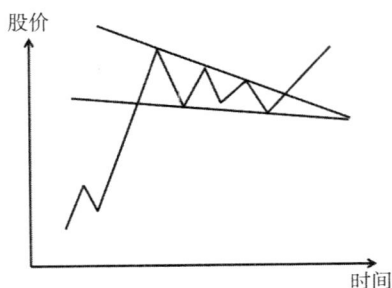

图4-9　下降楔形示意图

（2）在下降楔形走势中，股价持续上涨时突然在某一点出现回落，这种突发性走势会造成部分投资者出现恐慌心理，他们没有预料到股价会在持续上涨的过程中被中断，一波又一波的下跌行情打破了投资者的希望，整体态势不断深跌，由此导致部分投资者兴趣降低甚至产生了退股出局的想法，股民纷纷开始抛售股票。此时，控盘主力达到了洗盘的目的，于是重新推动股价高走，走势便又朝着上涨的态势发展。在上涨行情中形成下降楔形多半受主力控制，是其为达到目的而设计的空头陷阱，只有先洗出部分筹码，才能为后市趋势的拉升做好支撑。

（3）当主力对股价进行打压时，投资者可以暂时观望，或者根据下降楔形的形态特征进行具体操作，在股价到达下降楔形的上边线附近时进行减仓，在下边线附近买入，这就是所谓的高抛低吸。

（4）判断走势是否为下降楔形可以从成交量上看，下降楔形内成交量不断递减，当股价向上突破下降楔形时成交量会出现明显放大。或者根据其形成时间进行判断，下降楔形的形成时间不宜过长，假如超过一个月，可能说明主力操控失败，那么股价的后市动向将令人难以琢磨。

（5）值得投资者注意的是，当下降楔形的反弹幅度不断变小、走势变窄的时候，就意味着该形态快要构成，此时最佳的操作策略是停止高抛低吸，等待股价上涨。

▶**实盘精解**

理工环科（股票代码：002322）的行情于2017年1月经过一段大跌，在之后的交易日中缓慢地形成了一个下降楔形。该股走势跌落到下降楔形尾部后行情便出现了上涨趋势，可以发现上升楔形被突破后成交量也随之同步放大，因此加大了后市行情上涨的概率（如图4-10所示）。

图4-10　2016年11月至2017年5月理工环科的K线图

## ※ 高手如是说

1.长期进行股票操作的投资者应该清楚上升楔形的出现只是代表走势反弹，而并不会改变行情原本的下跌走势。股价即使出现回升迹象，也只是短时的反弹，因此投资者要谨慎，一定不要在这个时候介入。

2.下降楔形是主力洗盘设置陷阱的一种手段，即先洗清盘中的部分筹码，从而降低股价回升时的阻力。当下降楔形构成后，投资者要么选择按兵不动，要么进行高抛低收的操作。一旦发现成交量萎缩应该及时选择离场。

# 第三节　上升旗形和下降旗形

## » 形态识别

（1）旗形整理时股价将会进入到一段盘旋整理的阶段，买卖双方相互对峙，形成拉锯战。

（2）从具体的盘面上可以看到，当一方力量不断增强时会使股价走势出现上升或下移，于是形成了旗形形态。

（3）旗形形态主要分为上升旗形和下降旗形。

（4）无论是在中国还是海外的股市，出现旗形走势都是很正常的，虽然该形态属于K线整理形态，但同样有意义。

## » 应对策略

（1）上升旗形出现，后市往往会进入涨势，股价突破上升旗形时是最佳的买入时机。

（2）下降旗形的出现，意味着后市行情将要下跌，投资者应该在行情整理快要完成的时候快速清仓，才能减少亏损。

（3）投资者只有准确地把握该形态，才能避免落入主力设计的陷阱之中。

## 1. 上升旗形

▶ **基础速读**

（1）在股市中，上升旗形是十分常见的一种K线整理形态。

（2）股价大幅度上涨后遇到某一压力点便开始出现下跌行情，此时开始进入旗形整理阶段，股价在一段时间内反复发生回升反弹的情况，如果将其走势中出现的各个高点进行直线连接，同时将回落的低点进行连接，就可以在盘面上看到该区域内的走势如同一面挂在旗杆上随风飘扬的旗帜，这就是"上升旗形"名称的由来（如图4-11所示）。

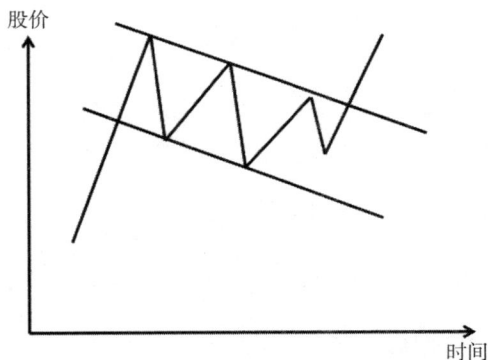

图4-11　上升旗形示意图

（3）之所以会出现上升旗形，原因很简单，当股价大幅度上涨到一定阶段时，获利筹码的数量增加，控盘主力想要降低走势、继续上升压力，就一定要采取某些震荡洗盘的手段才能达到他们的目的，而上升旗形正好满足了控盘庄家洗盘的需求。

（4）回顾股市以往的走势，部分上涨力度大的牛股通常都需要经过上升旗形的整理后才能夯实股价，在后市形成一段惊人走势。但是，仍然有很大一部分投资者由于不了解该形态的形成原因和特点，只能一次又一次错失良机。因此，长期游走在股市中的投资者一定要理清上升旗形的具体特征，才能正确地把握住时机。

▶ **实盘精解**

天齐锂业（股票代码：002466）的股价于2017年4月至5月在一波上涨行情之后出现了一段标准的上升旗形形态。从图4-12中可以明显地看到，在"旗帜"的末尾阶段走势回踩站稳，最终突破上升旗形，后市股价一路飙升。2017年6月2日"旗帜"内低点位置的最高股价是42.18元，到7月20日股价已经涨到了68.50元，且后市行情仍在不断上涨。

图4-12　2017年3月至7月天齐锂业的K线图

## 2. 下降旗形

▶ **基础速读**

（1）个股出现一段时间的下跌趋势，当走势下跌到一定的支撑位时，出现了一波反弹行情，将这波反弹行情中的高点与高点、低点与低点分别进行直线连接，便会出现一个下降旗形（如图4-13所示）。

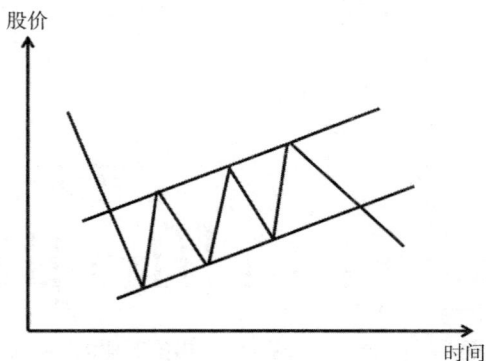

图4-13 下降旗形示意图

（2）下降旗形多数情况下会发生在空头走势的整理阶段，行情整理阶段结束后股价依旧会按照原本向下的趋势运行。

（3）从表面上看，多数投资者会普遍认为股价在摆脱下跌走势，走上高涨的通道。但实际上，下降旗形是买方主力为打压股价精心布置的多头陷阱。如果投资者不明就里，盲目介入，十有八九就会落入主力设计的圈套中。

▶ **实盘精解**

福安药业（股票代码：300194）在一波下跌行情之后出现了下降旗形形态。2017年3月该股股价下跌，之后开始出现小幅度的反弹，下降旗形形成的区域内出现了两个短暂的高点和低点。之后股价跌破旗形区域，同时配合成交量的放大，增大了股价下跌的可能性（如图4-14所示）。

图4-14　2017年1月至5月福安药业的K线图

## ※ 高手如是说

1.通常情况下，股价有了一定的上涨幅度后容易出现上升旗形。上升旗形可以认为是控盘主力洗盘的常用手段，后市行情通过整理阶段依旧高走，当投资者面对这种形态时一定不要慌张，"拿稳"股票就可以了。

2.当出现下降旗形的时候，持股的投资者应该趁着股价反弹的时候进行减仓；还未介入的股民最好在场外观望局势，切不可轻易进入。

# 第四节 上升扇形和下降扇形

## » 形态识别

（1）扇形形态具有判断股价变动走势的作用，也是K线整理形态中比较重要的一种。

（2）之所以称之为"扇形"，是因为该形态一般会在盘面上形成两个或者多个对称的圆底，两圆底之间存在一定间隙，将这些圆底连在一起就形成了如同扇子一般的形态。

（3）上升扇形的出现往往会配合成交量的变化，后市每形成一个半圆总要比前一个半圆更高一些。

（4）下降扇形的形态则与上升扇形相反，多为开口向下的圆弧顶状，且每次形成的圆弧顶总是比前一个圆弧顶更低一些。

## » 应对策略

（1）趋势中出现上升扇形和下降扇形，往往代表着不同的信号。

（2）上升扇形出现时，投资者可将其视为买入信号，后市行情可能会上涨。

（3）下降扇形为卖出信号，后市行情可能会出现大幅度下降，投资者应该提前做好布局。

## 1. 上升扇形

▶ **基础速读**

（1）在上升扇形形成过程中，当股价跌至每个圆底位置时，会配合成交量同步下跌。随后，走势度过圆底位置开始上升，此时交易量会配合增加。用一句话概括就是，在上升扇形形成过程中，成交量会随着股价的变动呈现出相同的走势，股价涨则成交量增加，股价下跌则成交量下降（如图4-15所示）。

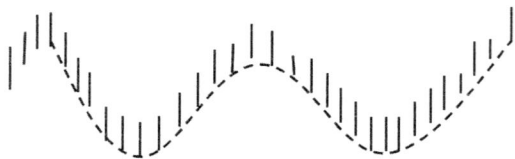

图4-15 上升扇形示意图

（2）一般情况下，半圆中走势上涨时股价位置会比之前下跌时价位更高一点，同时成交量更多一些。而新形成的半圆形的低价往往要高于前一个半圆形的低价位置，并且新形成的半圆形顶部每次要比前一个半圆顶部增高一些。如此将多个圆形底进行连接之后，可以发现整体走势呈向上增长的态势。

（3）当个股形成上升扇形形态时，投资者应选择理性加仓或者介入。

▶ **实盘精解**

西藏矿业（股票代码：000762）在2017年7月至9月期间走势缓慢地形成了一个上升扇形，之后该股走势整体呈现上涨趋势。细心的股民可以发现在上升扇形形成期间，该股成交量也随之变化，同样呈现出扇形走势。股民如果能够辨别出该形态，就能吃到一波上涨行情（如图4-16所示）。

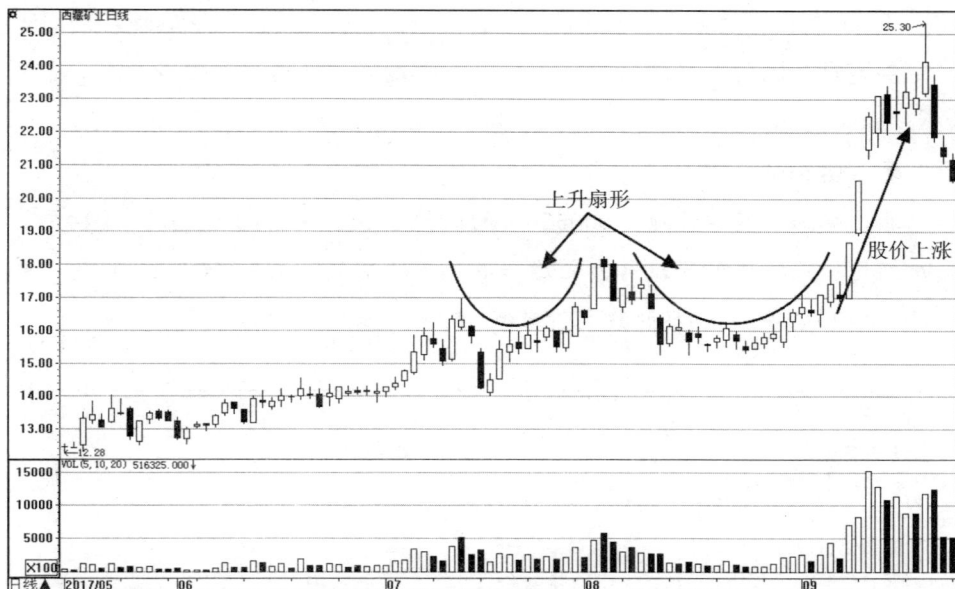

图4-16　2017年5月至9月西藏矿业的K线图

## 2. 下降扇形

### ▶基础速读

（1）下降扇形图形可以看成是上升扇形的倒扣形式，一般由两个或多个圆形顶相连形成（如图4-17所示）。

（2）当行情上涨到每个圆形顶部时，此时成交量反而会下降。当圆形发展到后期下跌走势时，成交量会同步减少。

（3）在后形成的圆形顶中，行情下跌价位要比前一个圆形顶下跌的价位更低，偶尔也会高一些。在下降扇形形态中，每个圆形顶形成的顶部位置会不断降低，呈现出递减的状态，因此下降扇形整体呈下跌走势。

图4-17　下降扇形示意图

（4）当投资者碰到下降扇形，特别是行情处于高位而形成该形态时，一定要警觉，因为后期股价可能会形成下跌走势，此时最好减少仓位或者清仓离场。

▶ **实盘精解**

菲达环保（股票代码：600526）的股价于2017年2月27日涨到13.14元，之后经过一段缓慢的下跌行情之后形成了下降扇形，扇形整理过后股价开始下跌，到2017年7月18日的最高价只剩9.39元（如图4-18所示）。

图4-18　2017年2月至7月菲达环保的K线图

## ※ 高手如是说

1.扇形整理的两种具体形态会对后市走势产生截然不同的影响，投资者一定要仔细分析、正确辨别，才能避免因判断失误造成不必要的损失。

2.提及扇形整理形态，很多投资者会将其与我们前文中讨论过的圆底形态相混淆，两者之间虽然存在相似之处，但是也有明显的差异，需要投资者在实战过程中反复查看。

# 第五节 矩形

## 》 形态识别

（1）矩形，顾名思义，其图形在盘面上呈现为长方形，因此又被称为"长方形走势"或"箱形走势"。

（2）在很多股票的走势图中都能看到这种整理形态。

（3）虽然矩形形态比较常见，但是和其他整理形态相比，其对后市行情发出的信号并不容易被确定。

（4）当形成矩形形态后，后市股价出现上涨和下跌都有可能。

## 》 应对策略

（1）行情处于横盘状态的时候最容易出现矩形整理。

（2）在矩形整理行情还没有被突破之前，投资者无法准确地预测出后市行情的发展方向。

（3）面对矩形整理形态，投资者不应该盲目进入，一定要等待行情确认后再进行布局操作。

## 矩形

### ▶ 基础速读

（1）当行情处于横盘阶段时，价格上涨到某一高点时遭到阻力，进而掉头回落。但是很快又得到一定支持力开始回升，上升到与前一次相同的高点时再次遇到阻力开始回落，回落到前一次低点位置附近。反反复复在几乎相同的低点位置受阻，并在相近的低点位置获得支撑回升，这就是矩形形态形成的过程。将这段区域中出现的高点进行直线连线，即图4-19中"1"和"2"两点的位置，同时将最低点也就是图4-19中的"3"和"4"进行连线，就可以形成一个明显的长方形形状（如图4-19所示）。

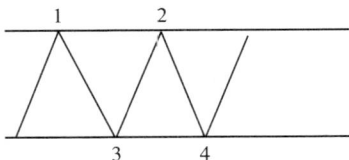

图4-19　矩形形态示意图

（2）矩形形态形成的过程中，股价会在一个平行的空间中反复出现、上下波动，通常情况下股价波动的幅度接近于矩形自身的宽度。矩形形态是多空双方在实力相当的情况下进行的激烈较量，只有当其中一方的力量被消耗殆尽后矩形形态才能被突破，并且朝着某一方向继续运行。

（3）在K线的整体形态中，矩形属于冲突型的走势，买卖双方力量均衡，后市股价的具体发展方向需要根据买卖双方的力量占比决定，因此在没有突破矩形时，我们很难判断出后市行情到底朝哪个方向发展。

（4）当矩形形态产生后，投资者需要有足够的耐心。通常情况下，当行情在矩形内出现波动时，投资者最好选择在场外关注动向，一定不要盲目介入，避免因小失大。

▶ **实盘精解**

建投能源（股票代码：000600）是雄安能源板块中一只比较优质的个股。2017年5月前后，建投能源股价在一段时间下跌后进入矩形整理阶段。

在矩形整理空间内股价上下波动，并最终出现向下突破的趋势。矩形形态被突破后股价一路下跌，此时投资者如果没有准确地分析该形态，盲目介入，就会造成重大的损失（如图4-20所示）。

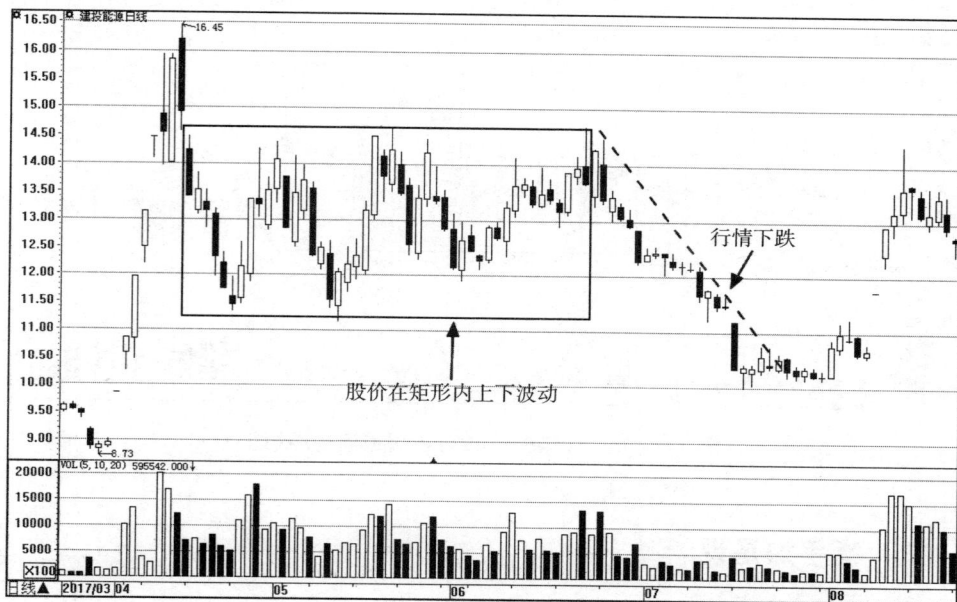

图4-20　2017年3月至8月建投能源的K线图

中国银河（股票代码：601881）的股价在2017年7月至8月期间经过五周的波动出现一段矩形整理形态，整理过后股价温和放量，并形成向上突破的趋势。2017年8月24日股价开始突破矩形形态，此时如果投资者及时把握住最佳买点，就会抓住后市的一波上涨行情（如图4-21所示）。

图4-21　2017年6月至9月中国银河的K线图

## ※ 高手如是说

　　矩形整理被突破后股价顺势上涨或者顺势下跌都有可能，这可能会使投资者因后市发展不明确而陷入盲目之中。一般情况下，一个较宽且涨跌幅度较大的矩形形态比一个又窄又长的矩形更加具有威力。因此，投资者一定要准确把握各个动态信息，才能做出判断。

# 第六节　缺口

## 》 形态识别

（1）缺口又常常被称为"跳空"。

（2）K线图中出现缺口是因为受到利好或利空消息的影响，股价产生大幅度的上涨或下跌，导致某个交易日当天最低价超过前一日的最高价或者最高价超过前一日的最低价。

（3）缺口在实战中具有非常重要的作用，我们在这里大致将缺口分为两种类型，即向上跳空性缺口和向下跳空性缺口。

（4）向上跳空性缺口容易发生在一波上涨行情中，而向下跳空性缺口更容易出现在下跌趋势中。

## 》 应对策略

（1）行情突破盘局的时候常常会出现缺口。

（2）通常出现向上跳空性缺口往往会给后市行情的上涨带来支撑力，后市行情上涨的可能性更大一些，因此可以将其视为买入信号。

（3）形成向下跳空性缺口往往是股价整体趋势发生改变，是卖出信号。

（4）出现缺口的时候投资者应该提高注意力，观察缺口是否被回补，若缺口被回补，那么后市行情的发展就和上述情况不一样了。

（5）无论是向上跳空性缺口还是向下跳空性缺口，都可以再细分为持续性缺口、衰竭性缺口以及突破性缺口，投资者应该仔细辨认。

## 1. 向上跳空性缺口

▶ **基础速读**

（1）一波上涨行情中常常会出现向上跳空性缺口（如图4-22所示）。

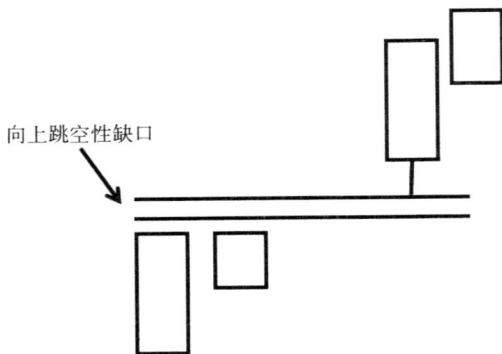

图4-22　向上跳空性缺口示意图

（2）处于不同阶段的向上跳空性缺口的价值和意义各不相同，例如有普通缺口、向上持续缺口、向上突破缺口和向上衰竭缺口。

（3）在股价突破盘局的初期常常会出现突破性缺口，该缺口对后期走势上涨有着关键性的作用。向上突破缺口形成后经常会成为后市行情发展的支撑力，此时可以想象到买方力量是多么的雄厚。一般突破性缺口形成的时候往往伴随着成交量的不断放大，成交量增加的幅度越大，后市股价上涨的可能性也就越大。

（4）通常在向上突破缺口出现后，如果在短时间交易日内没有出现回补，就表示形成的第二个缺口就是向上持续缺口，此时代表行情走势将继续保持原来的方向向上走高。

（5）在行情上升过程中形成的第三个缺口即向上衰竭缺口。形成该缺口的原因是行情快速大幅上涨后，买方力量被完全激发出来，从而造成股价出现再一次跳空的情况，于是形成了第三个缺口。

（6）当行情走势发展到尾声阶段，由于原来推动走势大幅度上升的买方力量开始消耗释放或者卖方力量开始大量抛售股票，导致出现衰竭性缺口。该缺口与其他几种类型的缺口不同，这种缺口一般会在短时间内被回补，一旦缺口被回补，就预示着原有的市场趋势即将结束，行情将进入一个新的阶段。

（7）投资者需要清楚的是，向上跳空缺口的出现虽然意味着后市行情将继续上涨，但最重要的一个条件是该缺口不能被回补，一旦向上跳空缺口被封闭，那么后市股价就会缺少支撑力，从而使股价出现下滑。因此，投资者一定要仔细观察各个缺口，发现缺口被回补一定要警惕起来。

▶ **实盘精解**

冀东装备（股票代码：000856）行情在2017年4月中下旬上涨的过程中出现向上跳空缺口，可以看到该股票在几个交易日内出现多次跳空。在走出向上衰竭性缺口后，从图4-23中可以看到，股价快速冲高，到了2017年5月15日股价最高价位45.80元。随后开始回落，回落的过程中开始回补之前的缺口（如图4-23所示）。

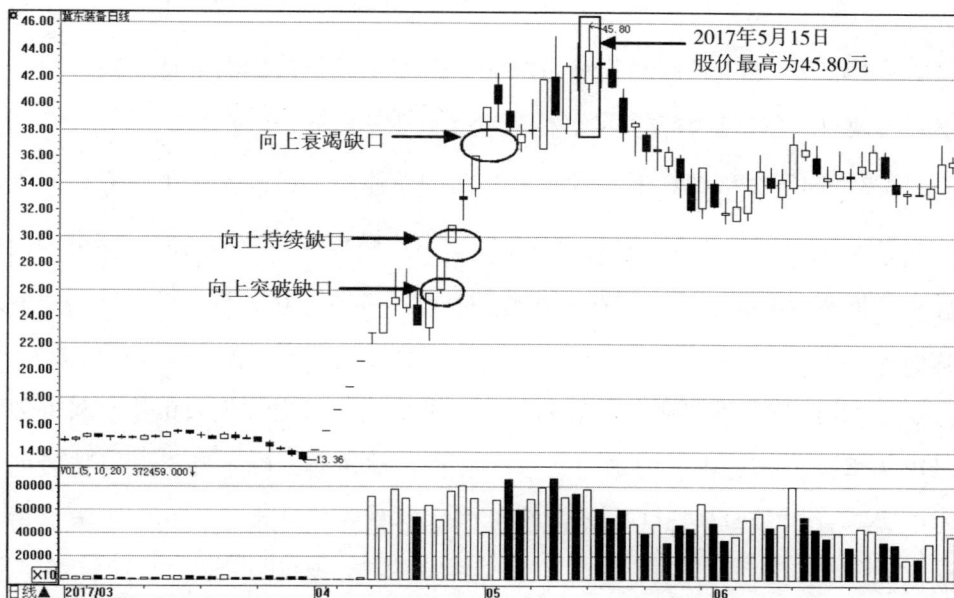

图4-23 2017年3月至6月冀东装备的K线图

## 2. 向下跳空性缺口

▶ **基础速读**

（1）股价下跌时期最容易出现向下跳空性缺口（如图4-24所示）。

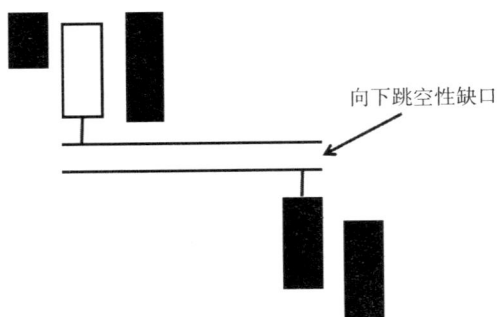

图4-24　向下跳空性缺口示意图

（2）向下跳空性缺口同样可以分为向下突破缺口、向下持续缺口与向下衰竭缺口，每种缺口存在的价值和意义也各不相同。

（3）向下突破缺口通常预示着当前的总体趋势已经发生了改变，原本的股价上升将变为下跌走势，并且只是一波下跌走势的开端，后期股市仍然存在着很大的下跌空间。因此，在遇到这种情况时，投资者应该选择快速清仓离场。

（4）和向上跳空缺口正好相反，向下持续缺口通常代表市场上买方力量更为强大，空方占主力地位，因此后市行情还会继续下跌，此时持股的投资者一定不要贸然介入，正确的操作策略是在场外观望，随时观察后市的动态。

（5）当出现第三次向下跳空时，此次跳空缺口就是所谓的向下衰竭缺口，该缺口的出现代表空方力量消耗殆尽，同时反映出行情深跌即将结束，当空方没有再多的力量与多方抗衡时，行情走势便开始出现反转。

（6）股价出现上下波动实际上就是买卖双方抗衡的过程，买方实力强的时候卖方就显得弱，反之则卖方力量显弱。买方趁着空方力量不断消耗的时候进行绝地反击，如果没有意外发生，那么向下跳空缺口就会在短时间内被封闭。

（7）当向下衰竭缺口被封闭，此时买卖双方还会经过一段时间的生死拼搏，一旦买方的力量不充足，那么后市下跌行情仍然不会出现反转。

（8）当出现向下衰竭缺口时，如果投资者手中仍然有仓位，那么这时候就不适合做空。如果缺口被填补，投资者可以选择试探性介入，待行情突破阻力之后再进行加仓。

（9）无论是向上跳空缺口还是向下跳空缺口，其原理都大致相同。当向下跳空缺口在短暂的时间内被多方封锁时，行情就会发生反转，出现上涨走势，此时投资者应该改变策略及时进场。

▶ **实盘精解**

深次新股（股票代码：399678）在2017年3月经过一波上涨行情之后，买方力量出现衰竭迹象，此时卖方力量进入，股价开始下跌。下跌过程中出现四个缺口，前三个依次为向下突破缺口、向下持续缺口及向下衰竭缺口，从盘面上可以看到第四个缺口很快就被回补，因此，可以将其忽略，后市是否继续震荡当以回补第三个缺口为主要目标（如图4-25所示）。

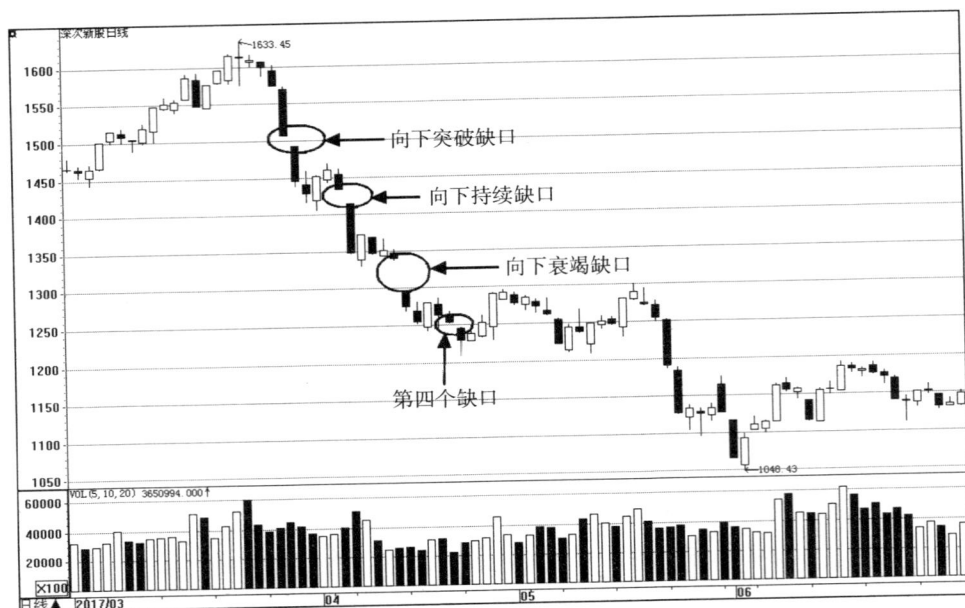

图4-25　2017年3月至6月深次新股的K线图

## ※ 高手如是说

　　无论是向上跳空缺口还是向下跳空缺口，在不同时间、不同阶段出现，其代表的意义和本质也不相同。投资者一定要先理解跳空缺口的本质和意义，才能根据跳空缺口出现的位置进行具体分析，要结合整体盘面的走势进行准确分析，从而把握正确的行情。

第五章

# 量价关系：
# K线与成交量的不解之缘

对股票进行技术分析时常常会用到量价关系，其中"量"指的是某只股票在单位时间内的成交量，而"价"则是指股票的价格。由于股价的涨跌与成交量的大小之间有一定的联系，因此投资者可以通过分析两者之间的关系来判断后市股价的发展形势，从而进行股票买卖。股市中一直都是量在价先，对成交量的分析和研究是投资者需要学会的基本规则之一。

# 第一节 成交量：拉动股市行情的关键杠杆

## » 形态识别

（1）在技术分析中，成交量是投资者判断分析K线和大盘走势过程中重要的参考数据之一。

（2）成交量的微妙变化影响着技术分析的结果是否真实有效，例如，我们在判断正V形走势的时候就一定要注意价量配合，如果股价的变化没有配合成交量的变化，那么该形态就可能失效。

（3）成交量实际上是一种供需表现，供大于求时，市场冷清，买家减少，成交量便出现萎缩；反之，供不应求，市场热闹，人人都想买进，成交量自然而然就放大。

（4）正因为市场是买卖双方力量竞争的结果，所以成交量成为最客观的判断要素。它不仅可以体现出市场规模的变化，而且可以帮助投资者分析买卖双方的资金实力。

（5）成交量可分为堆量、放量、缩量三种形态，往往具有不同的市场意义。

（6）堆量通常是成交量由小到大的有序变化，放量是指成交量突然出现明显的放大，而缩量是指成交量明显缩小的状态。

## » 应对策略

（1）成交量出现完美的堆量，意味着后市行情上涨的可信度更高，投资者可以适当买入。

（2）需要注意的是在股价的高位区域时，成交量呈堆量状态，此时投资者应该尽快离场。

（3）当成交量出现放量的时候，很有可能是控盘主力故意设计的陷阱，投资者应该提高警惕。

（4）缩量是最真实可靠的一个信号，往往代表买卖双方对后市行情的变化有统一判断。

## 1. 堆量

▶ **基础速读**

（1）主力为了拉升股价，成交量通常会被做得十分漂亮，在几天或者几个星期内成交量表现为有序温和递增的态势，在具体的盘面上，成交量柱状线形成一个土堆似的形态，与此同时股价也随之呈现上涨走势（如图5-1所示）。

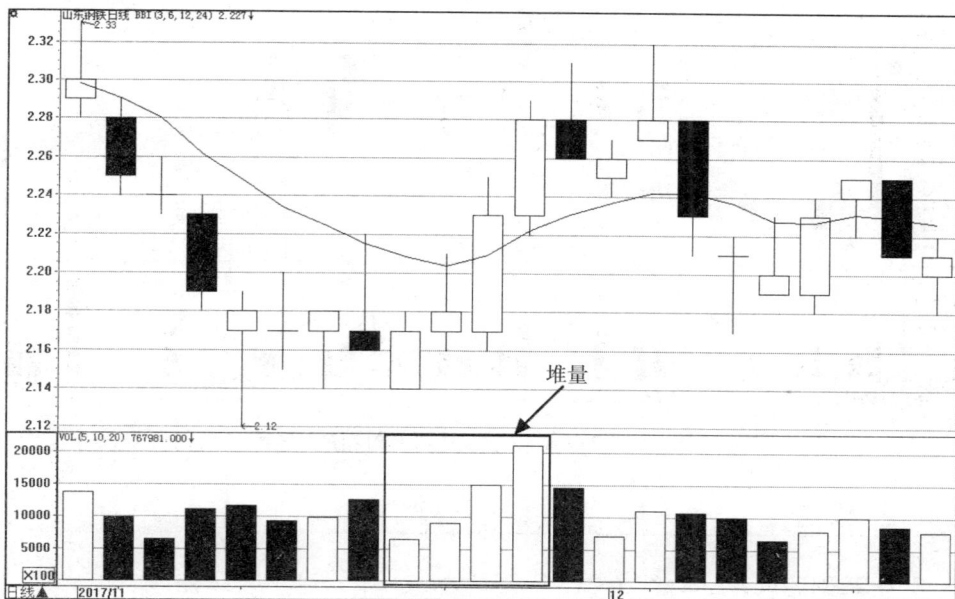

图5-1 堆量示意图

（2）土堆形态越完整、越漂亮，后期股市出现大行情的可能性也就越大。

（3）在高位出现堆量，多数情况为主力的出货行为。此时，建议投资者尽快离场，不应该再对后市行情抱有希望。相反，成交量在低位出现堆量时多为主力建仓的表现，投资者可以适当地买入。

▶ **实盘精解**

西部材料（股票代码：002149）于2017年7月份开始经过一段时间的低位横盘后，在2017年8月30日至9月4日之间成交量形成堆量形态，从盘面上可以看到，堆量期间股价也随之增长，后市行情仍有涨幅。西部材料属于低位出现堆量，多是主力建仓的表现，因此，如果投资者可以辨别出该形态，后市就能抓住一波上涨行情（如图5-2所示）。

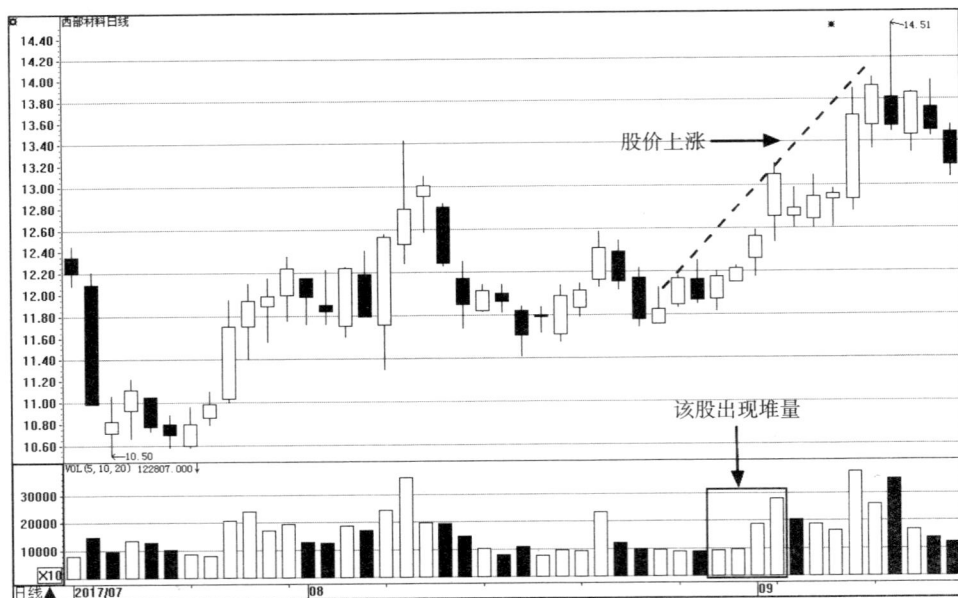

图5-2　2017年7月至9月西部材料的K线图

## 2. 放量

▶ **基础速读**

（1）放量是指成交量较之前的交易日明显增大的现象（如图5-3所示）。

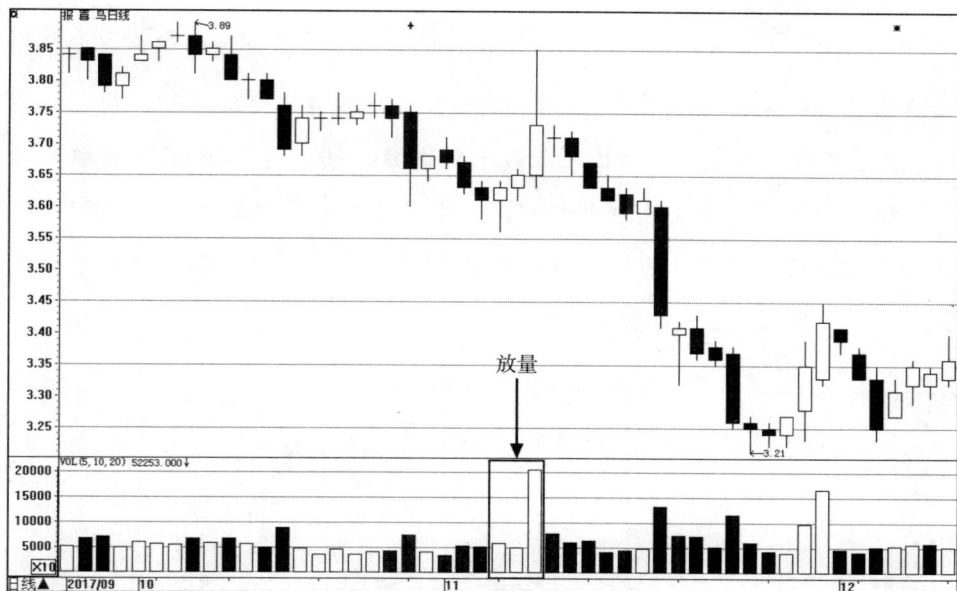

图5-3　放量示意图

（2）通常情况下，市场趋势出现转折处是放量形态易发生的时候，此时市场中各方力量对后市的分歧不断增大，一方看空后市，而另一方则坚决认为后市为利好行情，因此成交量就出现两种不同的状态，一部分人大肆进行抛售，另一方却进行大笔吸纳，最终导致成交量放大。

（3）放量有时会夹杂着很大的虚假成分，控盘主力方可以轻而易举地在市场上操作，制造放量效果。

（4）成交量有时也会呈现出间接性放量，所谓的间歇性放量是指成交量有了明显增大但不具备连贯性，具体表现为成交量先放大，然后停息几天，之后再次放大。通常我们认为这种现象是主力着急离场而设计的陷阱，后市行情不容乐观，预示着短期上涨行情即将结束，之后趋势可能会反转，也可能先出现一波上涨再进行回调，投资者一定要根据具体的市场走势、股价以及各个因素综合分析。

▶ **实盘精解**

　　科达股份（股票代码：600986）在2017年1月至3月这段时间内形成了间歇性放量的现象，我们将该现象理解为主力着急出货而设计的陷阱。从图5-4中可以明显地看到，行情先呈现一段上涨，2017年3月20日该股最高股价达到了17.16元，随后走势开始回调并出现了大幅度的下跌，到了2017年5月10日该股最高股价仅为14.88元。如果股民朋友们不慎掉入主力设计的圈套，那么将会承受重大的损失（如图5-4所示）。

图5-4　2017年1月至5月科达股份的K线图

## 3. 缩量

▶ **基础速读**

（1）与放量相反，缩量表现为成交量急剧缩小（如图5-5所示）。

图5-5 缩量示意图

（2）与放量进行比较，缩量具有更高的可信度，控盘主力虽然可以轻而易举地制造放量现象，但是无法制造缩量现象。

（3）缩量是指市场成交变得冷清，大部分投资者对后期股市行情走势判断较为一致。

（4）在这种统一的判断中也存在两种不同的情况：一种是统一看空后市，由此造成股市中只有卖而无买的情况，所以成交量不断减少；第二种情况是投资者统一意见看好后市，股市中有买无卖，最终不断缩量。

（5）缩量大多产生在走势的中期，大多数人对后市行情持相同意见，形成了下跌缩量的情况。遇到这样的情况投资者应该选择观望，等成交量缩减到一定程度，有巨量放出的时候再介入。

（6）相反，缩量上涨时，投资者应该及时进场，等待获利。当股价上涨趋势减弱，有巨量放出时应将持股抛售出去。

▶**实盘精解**

武进不锈（股票代码：603878）于2017年7月18日呈现上涨走势，股价最高为22.32元，上涨过程中形成了缩量上涨的态势，随后股价保持上涨走势，到了9月4日该股成交量放大，当日的最高价格为28.87元。放出巨量之后次日股价开始出现下降趋势。投资者如果能在缩量上涨的时候及时进场，而后在放出巨量的时候果断抛售，就能吃到一波上涨行情（如图5-6所示）。

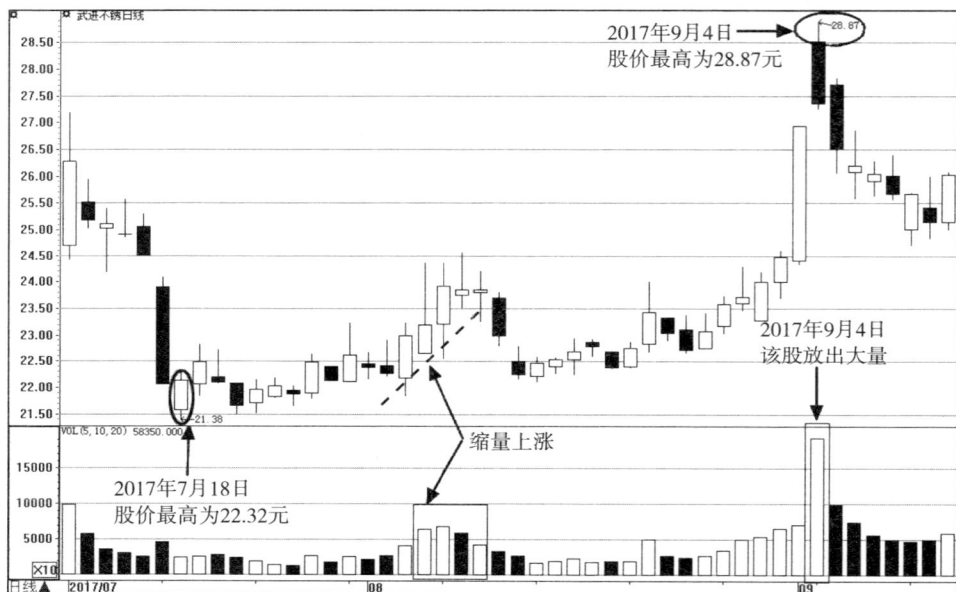

图5-6　2017年7月至9月武进不锈的K线图

## ※ 高手如是说

实战中，成交量变化的理想状态是呈现出温和、连贯递增的特点，同时配合股价的变化，两者具有较高的默契，即成交量增加股价便上涨，反之成交量减少则股价下跌。而当成交量和股价之间配合不协调时，如间歇性放量，缩放之间差距过大，投资者就应该保持警惕性，切忌因盲目追高而导致股票被套，增加经济损失。

# 第二节　量价关系：预示股价的未来趋势

### » 形态识别

（1）量价关系是指成交量与股价变化之间形成的某种状态。

（2）成交量与价格之间的关系影响着股市中的诸多方面，两者之间的因果关系不仅可以充分地体现出市场运作的信息，而且还能变成信号灯，预示股市未来的发展趋势。

（3）一般情况下，维持市场的正常运行需要成交量与股价之间默契配合。

（4）默契度高的量价关系往往表现为量价同向，即股价上涨成交量同步上涨，反之股价下跌成交量减少。如果股价和成交量符合这一规律，那么行情走势将会随之发生变化。

（5）一段时间内，量价之间会维持一定的稳定性，例如成交量与股价同步下跌，两者之间的变化速度趋于一致。倘若一方的变化速度更快，那么最终将会影响行情走势的方向。

（6）市场中存在的量价关系有很多种，每一种关系的存在都有其自身的价值和意义，所透露出的信号也各不相同。

### » 应对策略

（1）价升量增意味着后市行情利好，投资者可以选择顺势进入。

（2）价升量缩则表明行情上涨变得无力，投资者应该提高警惕，谨防股价发生反转。

（3）价升量平的上涨行情通常是虚晃，投资者不应该盲目跟进。

（4）价跌量平常常被视为卖出信号，行情通常会维持原来的走势。

（5）价跌量缩出现在下跌行情中可能会使行情顺势止跌，然后回稳。

（6）价跌量增发生在下跌行情中，往往有助于跌的延续。

（7）量价关系往往预示着股价的未来发展方向，但前提是需要投资者准确地把握每一种关系的特点。

## 1. 价升量增

▶ **基础速读**

在股价上涨的初期，如果成交量也随之增加，那么就说明股价的上涨得到了成交量的支撑，同时可以确认后期行情将继续被看好，投资者可以在此时顺势跟进（如图5-7所示）。

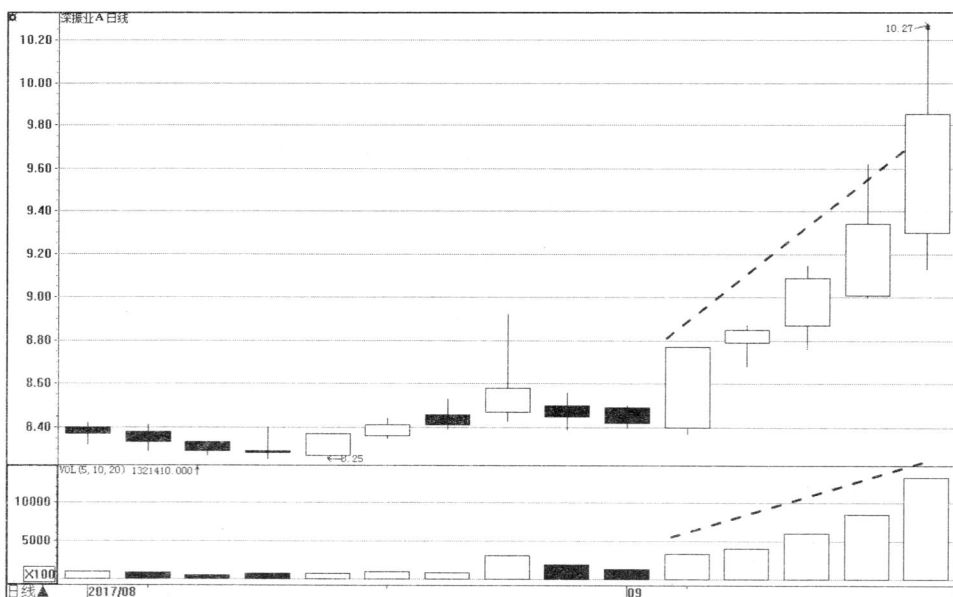

图5-7 价升量增示意图

▶ **实盘精解**

凌钢股份（股票代码：600231）在2017年8月前后股价出现一波上涨趋势，同时成交量也随之增加，形成了价升量增的现象。凌钢股份在2017年6月23日的最高股价仅为2.99元，而经历了一波上涨行情之后，2017年9月13日该股的最高股价为6.82元，整个过程股价涨幅达到了128.1%（如图5-8所示）。

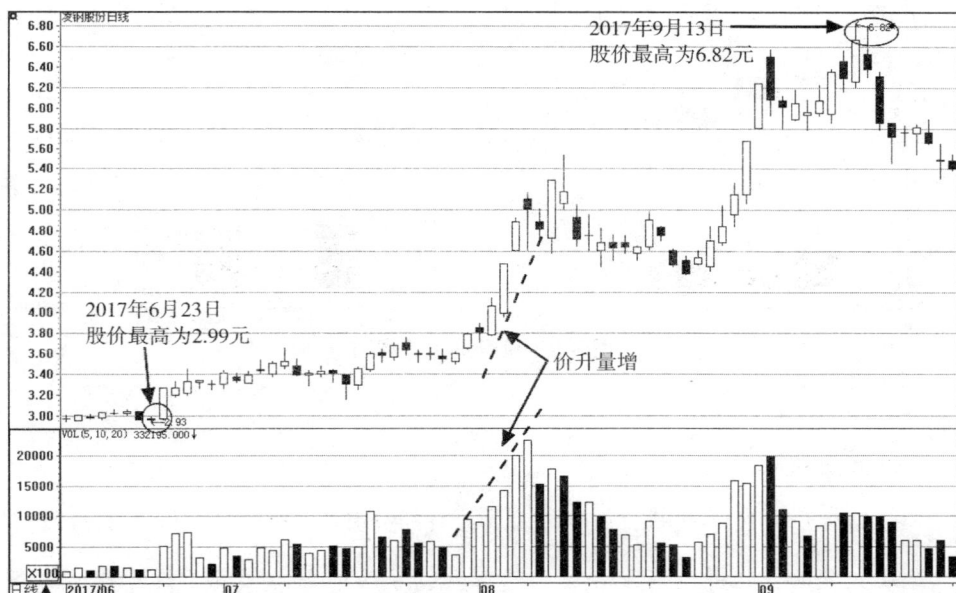

图5-8　2017年6月至9月凌钢股份的K线图

## 2. 价升量缩

▶ **基础速读**

价升量缩即股价上涨，但成交量没有明显配合反而减少，这样的量价关系常常出现在反弹行情中。通常情况下，价升量缩可以视为成交出现不足，后市行情上涨将变得无力，可能会出现反转下跌的趋势（如图5-9所示）。

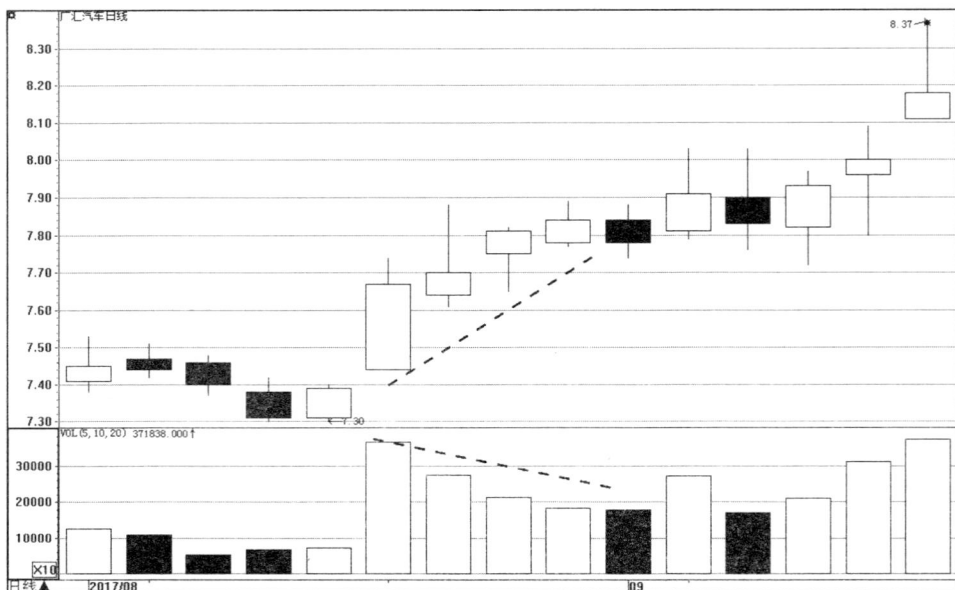

图5-9　价升量缩示意图

▶ **实盘精解**

金钼股份（股票代码：601958）在2017年8月4日出现了一波上涨行情，但是成交量的变化并没有配合股价的上升，反而缩小，形成了价升量缩的态势。通常情况下，这一态势的出现暗示着后市上涨力量将变得无力，行情可能会出现反转趋势。图5-10正好可以印证这一点，2017年8月8日股价最高为10.48元，之后走势便开始呈现下降趋势。

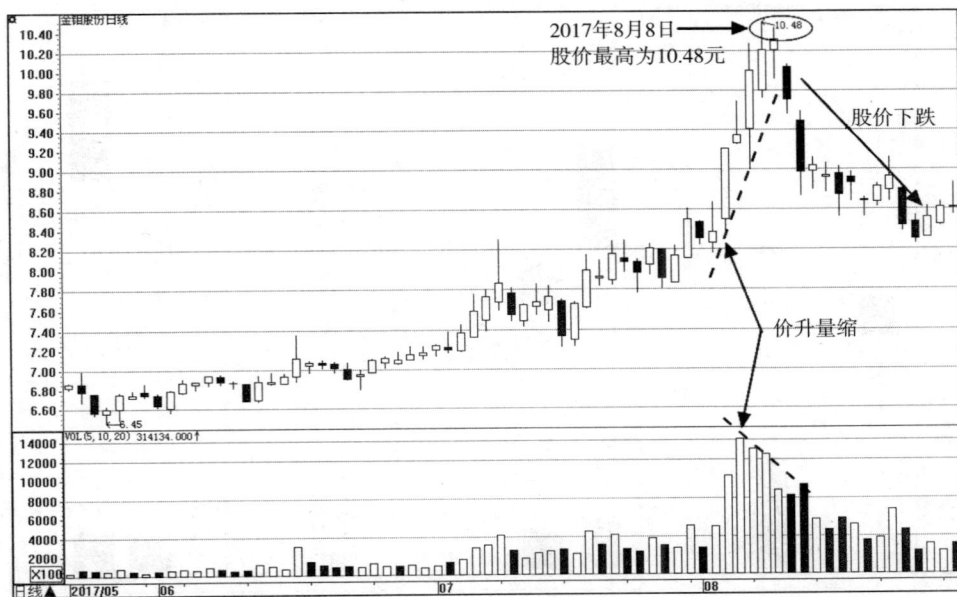

图5-10 2017年5月至8月金钼股份的K线图

## 3. 价升量平

▶ **基础速读**

所谓的价升量平是指股价不断上涨，而成交量却一直没有太大的变化。出现这样的情况可能是因为场外资金仍在继续观望，表示这种上涨极有可能只是昙花一现，投资者不宜盲目跟进（如图5-11所示）。

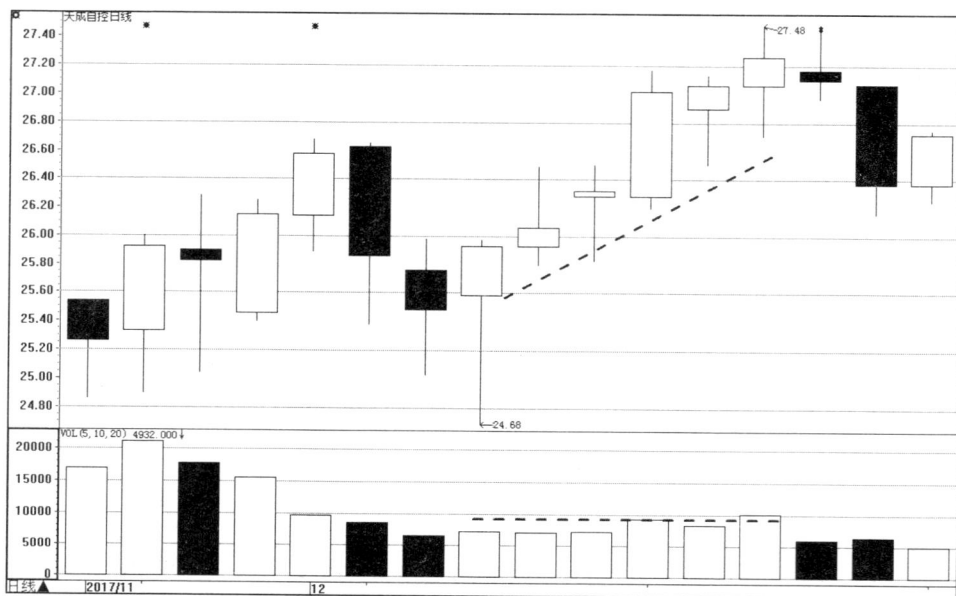

图5-11　价升量平示意图

▶**实盘精解**

康得新（股票代码：002450）在2017年6月的一波上涨行情中，股价与成交量构成了价升量平的配合现象。从图5-12中可以看出，该股在价升量平走势形成后，股价的上涨趋势被突然改变，整体走势出现大幅度下跌。

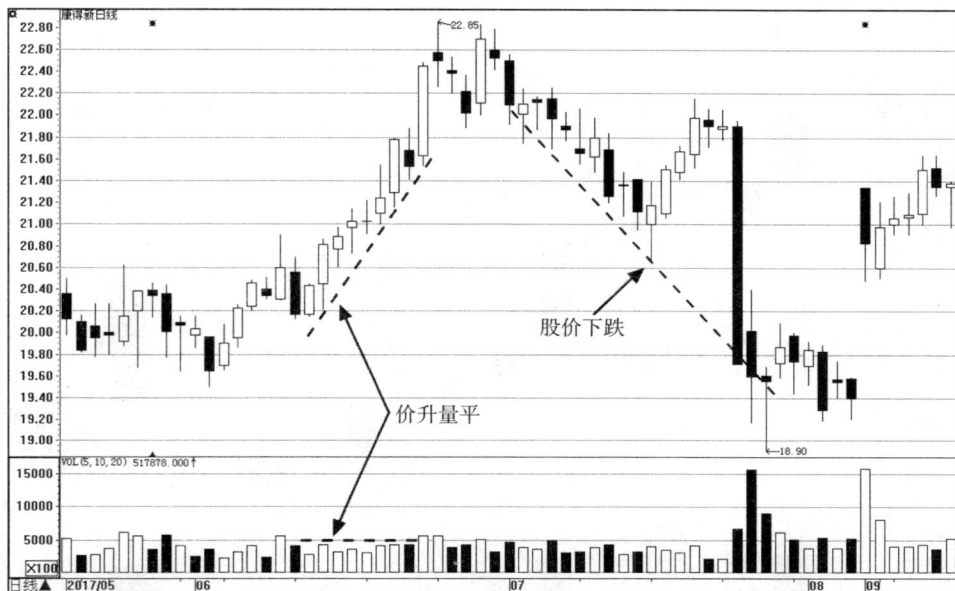

图5-12　2017年5月至9月康得新的K线图

# 4. 价跌量平

## ▶ 基础速读

（1）如果股价持续下挫，而成交量却没有同步放大，这就是价跌量平（如图5-13所示）。

（2）价跌量平的出现说明买卖双方对后市行情发展的方向并没有达成一致，此时多半是控盘主力选择离场的前兆。由于成交量趋于平稳，很多散户投资者抱着侥幸的心理不会轻易将手中股份抛售，控盘主力正是利用散户的这种心理开始缓慢地进行清仓，最后将剩余部分一并抛售，导致股价出现大幅度跌落。

（3）价跌量平通常预示着后市行情将维持原本的下跌走势，此时投资者应当进行减仓操作，才能防止跌入陷阱中。

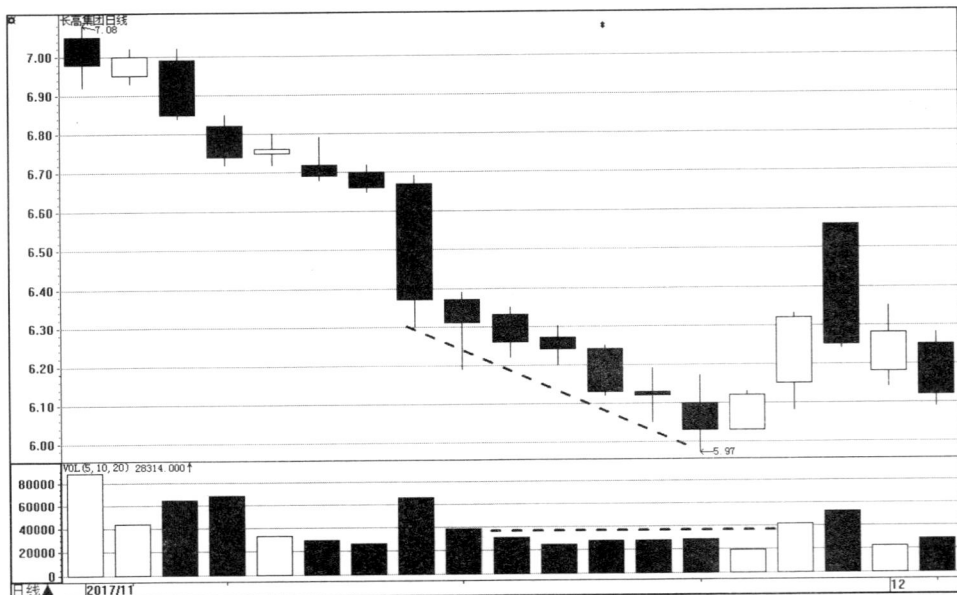

图5-13 价跌量平示意图

▶ **实盘精解**

正平股份（股票代码：603843）在2017年4月6日形成了下降趋势，在之后的几个交易日内股价虽然保持下降的走势，但是成交量几乎处于同一水平线附近，并没有发生明显的变化，因此我们可以判断该形态为价跌量平的态势。清楚了这一形态就可以基本判断出后市行情依旧会保持下降的趋势，该股后市行情确实持续下降（如图5-14所示）。

图5-14 2017年4月至6月正平股份的K线图

## 5.价跌量缩

▶ **基础速读**

（1）个股股价下跌的同时成交量也出现萎缩，便形成了价跌量缩的关系，这一关系暗示着后期股价将继续呈下降走势（如图5-15所示）。

（2）倘若价跌量缩的现象发生在下跌走势的中期阶段，那么未来走势可能会止跌回稳。

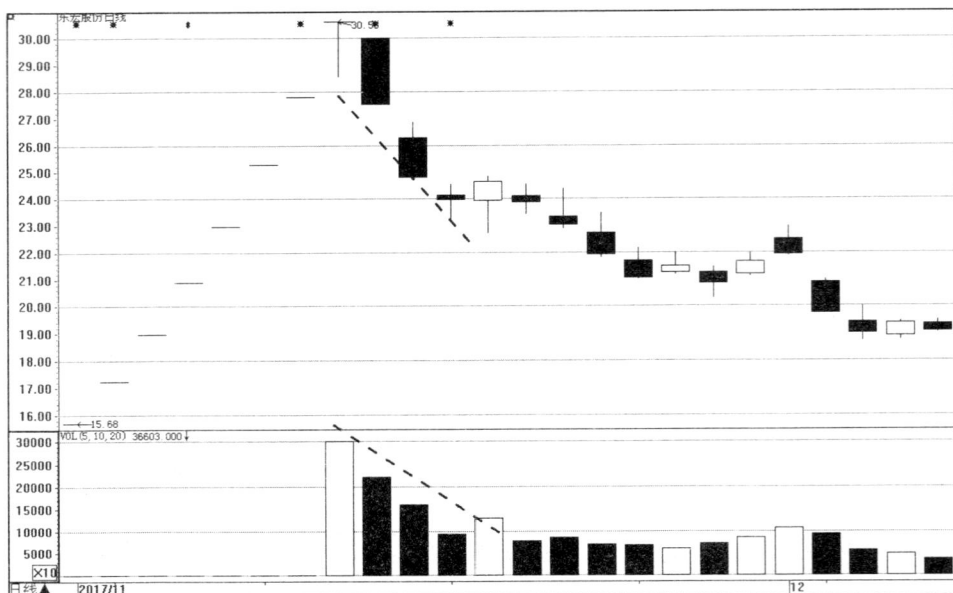

图5-15　价跌量缩示意图

### ▶实盘精解

四通股份（股票代码：603838）在2017年3月出现下跌行情，股价大幅度下降的过程中形成了明显的价跌量缩的态势，即成交量随着股价的下跌在不断地萎缩。这样的态势预示着后市行情会继续呈现下降走势。从图5-16中可以看出，价跌量缩之后，股价依然呈现下跌趋势。

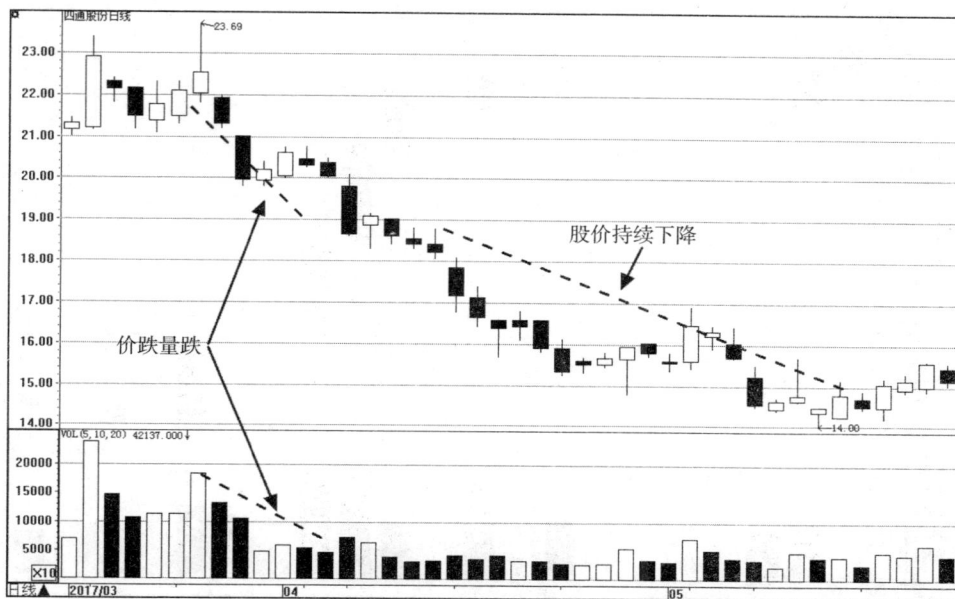

图5-16　2017年3月至5月四通股份的K线图

## 6.价跌量增

▶ **基础速读**

（1）价跌量增是指在成交量增加时股价反而呈下跌走势。这一量价关系常常发生在下跌行情的初期阶段，投资者可以根据价跌量增出现的不同位置选择相应的操作策略（如图5-17所示）。

（2）股价长期阴跌之后又存在小幅度的下跌，而成交量却放大，此时可以认为底部将要出现，行情将要发生反转，可以试探性地进场。而如果价跌量增的情况出现在高位区，则预示着下跌行情将会继续，那么投资者就要抢先离场。

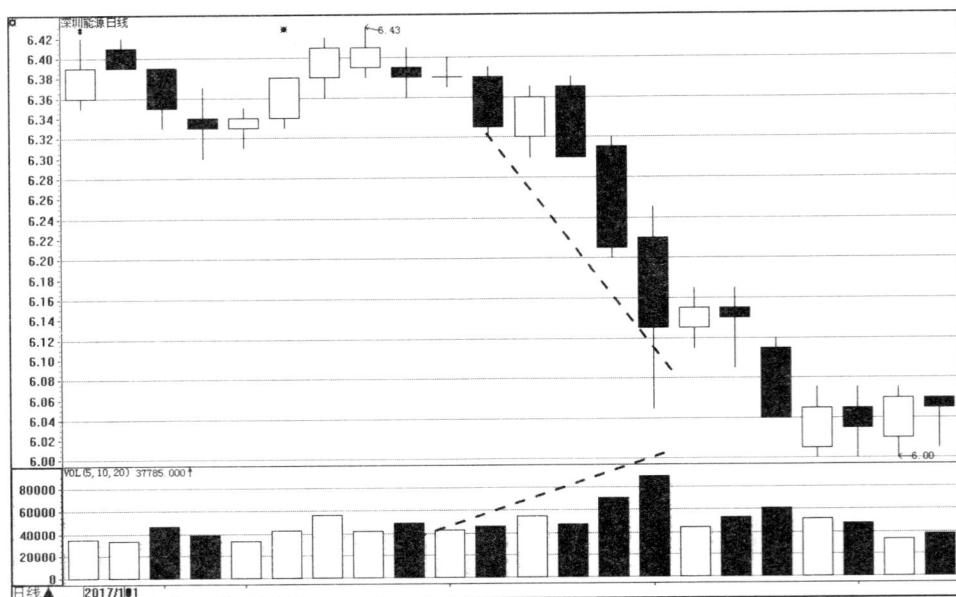

图5-17　价跌量增示意图

▶ **实盘精解**

格尔软件（股票代码：603232）于2017年7月至8月期间在一波下跌走势的底部区域出现了短期的价跌量增形态，由于之前为大跌走势，价跌量增很可能是走势见底的信号，那么后市行情可能会发生反转。从具体的盘面可以看出，短期的价跌量增结束后，股价开始逐渐走高（如图5-18所示）。

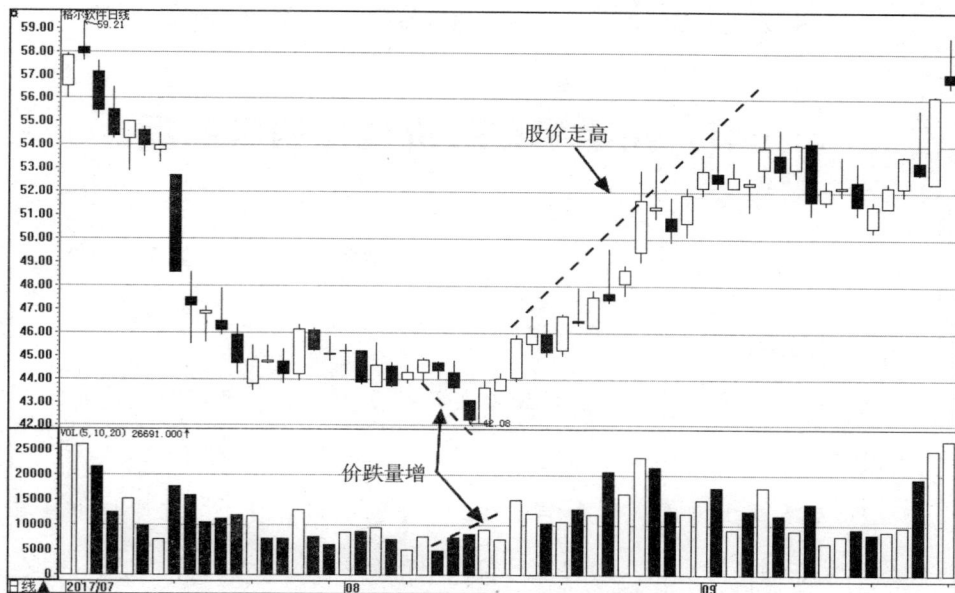

图5-18 2017年7月至9月格尔软件的K线图

## ※ 高手如是说

量价关系对判断行情未来运行方向有很大的帮助，同时也能指导投资者做出正确的操作。需要注意的是，这些量价关系中有一部分是控盘主力故意设计的陷阱，目的是让其他投资者中套而自己获得相应的利益，因此投资者一定要仔细辨别，清楚各个量价关系的特征和含义。这样一来，当异象出现时才能找到相应的对策，避免中了控盘主力的圈套。

# 第三节 换手率：股价变化的风向标

**» 形态识别**

（1）换手率是指单位时间内股票买卖转手的频率，很多股民也将其称为"周转率"。

（2）从本质上来看，换手率属于成交量的组成部分，其在市场中具有重要的参考作用，同时被人们视为股价变化的风向标。

（3）换手率可以作为衡量个股活跃程度的标尺。在实战中，换手率越大，说明股票的活跃度越高、人气越旺、投资者投入的关注度越多，属于热门股；反之则说明股票状态比较冷清，投资者大多在场外观望。

（4）换手率是技术分析中的重要工具，不仅是反映市场交投情况的指标，而且将其与股价结合进行分析，还可以对行情未来趋势做出一定的判断和预测。

（5）国内外计算换手率的公式略有不同。在中国，计算某一只股票的换手率只需要套用公式：换手率＝某一段时间内的成交量/流通股本×100%。根据换手率的高低程度及其不同的价值作用，我们将其分为观望换手率、加速换手率及高换手率三种。

**» 应对策略**

（1）当某只股票的换手率突然变高，且伴随着成交量的同步放大时，这就说明有股民在大量买入，后期的股价将会出现上涨趋势。

（2）当行情经过一段时间的上涨走势之后，换手率仍在不断升高，那么后市股价有下跌的可能性。

（3）当出现观望换手率时，意味着交投比较冷清，此时投资者最好是选择场外关注。

（4）当出现加速换手率时，意味着目前市场上多空双方之间竞争比较激烈，行情将维持原有的走势。

（5）股价若是在下跌行情中出现加速换手率，那么后市行情看跌，投资者应该尽快离场；若是在上涨行情中出现加速换手率，则后市看涨，投资者可以适当地跟进。

（6）当出现高换手率时，意味着市场上的投资者处于两个极端状态，投资者应该提高警惕。

## 1. 观望换手率

▶ **基础速读**

（1）当换手率低于1%时，称为观望换手率（如图5-19所示）。

（2）观望换手率往往预示着多空双方都处于观望状态，股票状态冷清，无法对未来行情变动做出推测。

（3）观望换手率大多出现在一段下跌走势的末期阶段或是在筑底过程中，在顶部产生的概率比较少。

（4）在出现观望换手率时，投资者的最佳操作策略是在场外密切关注。

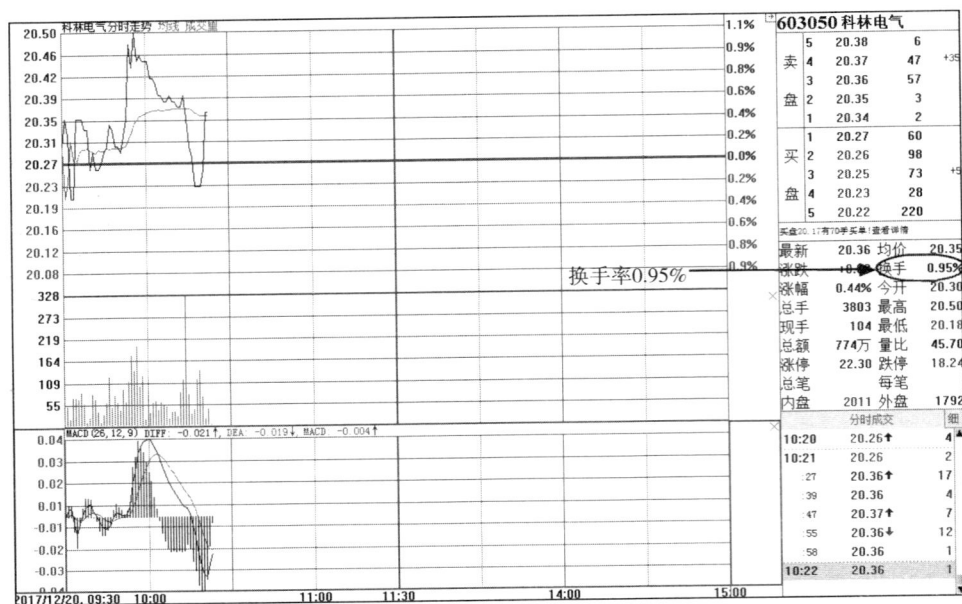

图5-19　观望换手率示意图

▶**实盘精解**

中电电机（股票代码：603988）在经历了一波下跌行情之后，在底部地区出现了观望换手率。股价下跌，整个交投市场十分冷清，2017年7月18日，该股的换手率只有0.33%，成交量出现了明显的萎缩，后市行情的发展着实令人摸不到头脑。因此，投资者们大多选择观望（如图5-20所示）。

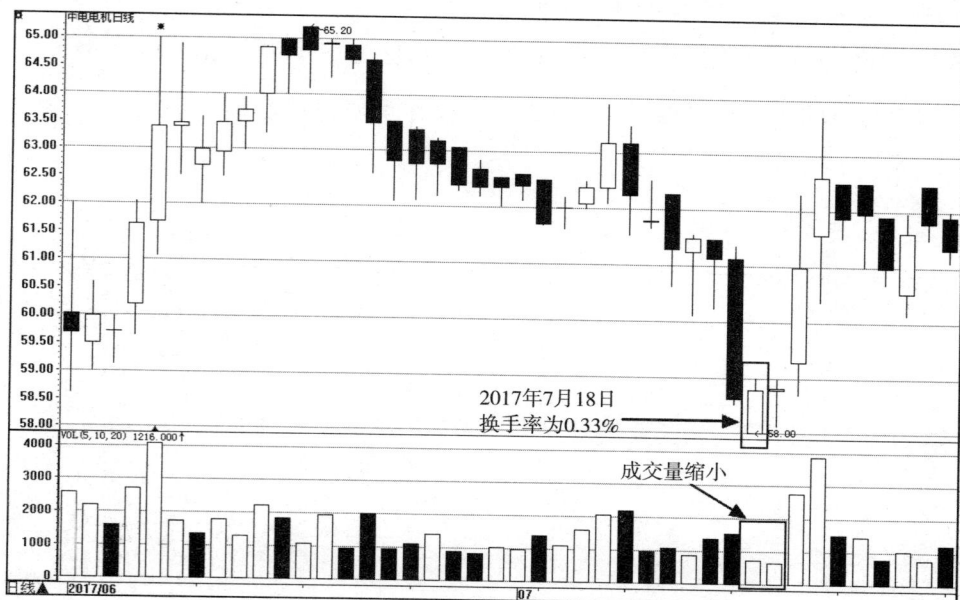

图5-20　2017年6月至7月中电电机的K线图

## 2.加速换手率

▶ **基础速读**

（1）当日换手率的比值在1%~10%时，称之为加速换手率（如图5-21所示）。

（2）加速换手率意味着市场交投状况很活跃，多空双方都在进行激烈的交易，因此后期行情会保持原本的发展走势并延续下去。

（3）倘若在下跌行情过程中出现加速换手率，则意味着股价可能仍然继续下跌。

（4）在上涨走势的初期阶段产生加速换手率，表明后市股价将保持上涨的趋势，此时选择跟进是最佳的策略。

（5）需要引起投资者注意的是，通常情况下当日换手率的比值在3%左

右时才能认为是最佳进入时机。股价在做短线拉升时也需要日换手率达到
3%左右，如果无法达到这一条件，那么就是无量反弹，股市后期很可能
无法按照原本的走势持续下去，此时的操作策略更适合清仓离场，而不是
进入。

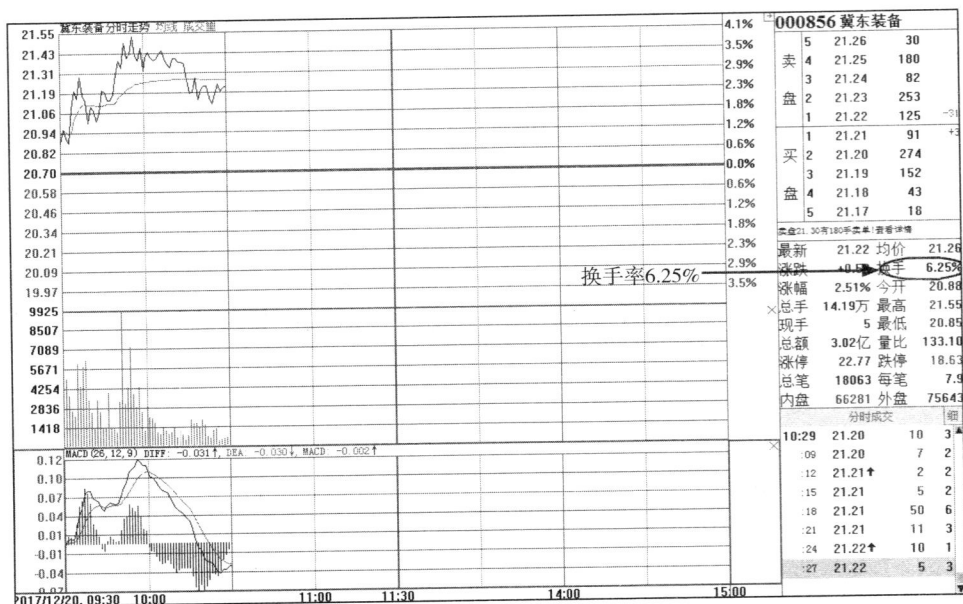

图5-21　加速换手率示意图

▶ **实盘精解**

科大讯飞（股票代码：002230）经过一段时间的小幅度震荡之后，在
2017年6月22日震荡局面被打破，当日该股的换手率为5.19%，属于加速换手
率。从盘面上可以看出该加速换手率出现在上涨走势初期阶段，表明后市行
情将会保持上涨的趋势。截止到2017年8月1日，该股股价已经上涨到最高价
49.90元（如图5-22所示）。

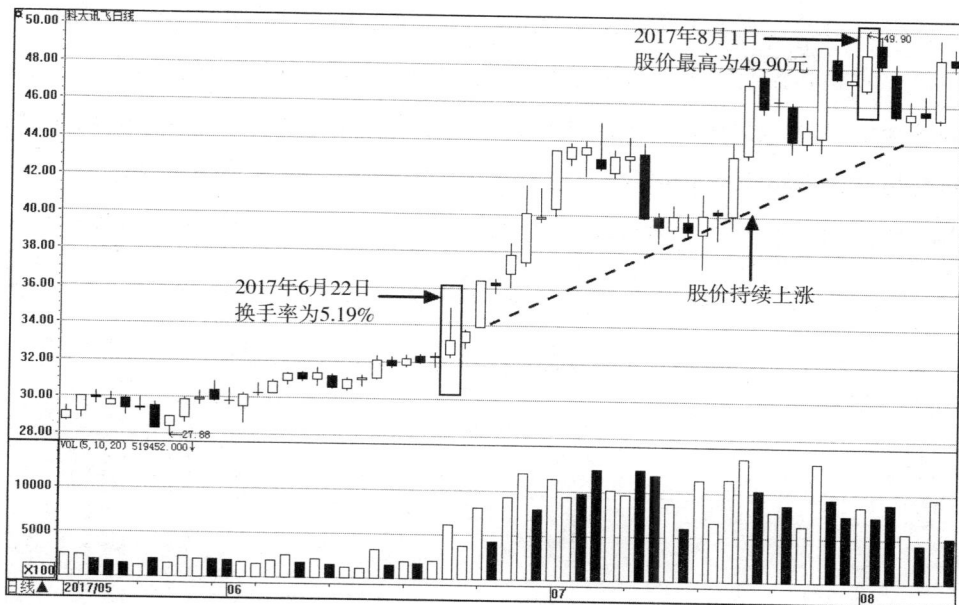

图5-22　2017年5月至8月科大讯飞的K线图

## 3. 高换手率

▶**基础速读**

（1）当换手率大于10%的时候，通常将其称为高换手率（如图5-23所示）。

（2）此时表明市场的交投状况十分活跃，人气要么是极度积极要么是极度悲观，后期股价走势会有发生逆转的可能性。

（3）如果在产生高换手率之前成交量先呈现出低迷的状态，随后突然开始放量，并且在接下来的几个交易日中换手率依旧保持较高的比率，通常我们认为是因为有更多的市场资金注入该股，这样的高换手率也更加具有可信度。

（4）当股价在高价位时换手率达到10%以上，同时伴随着成交量突然增加，此时投资者就要提高警惕了。因为通常出现这种情况预示着后期行情走势将会出现大幅度下降。虽然出现这种情况也有各种利好消息一并出现，但是此时获利盘会想出各种方法尽快离场，正所谓"利好出尽是利空"。遇到这类情况时，投资者不应被各种利好消息所迷惑，而是应该更加谨慎地分析行情，再做出相应的对策。

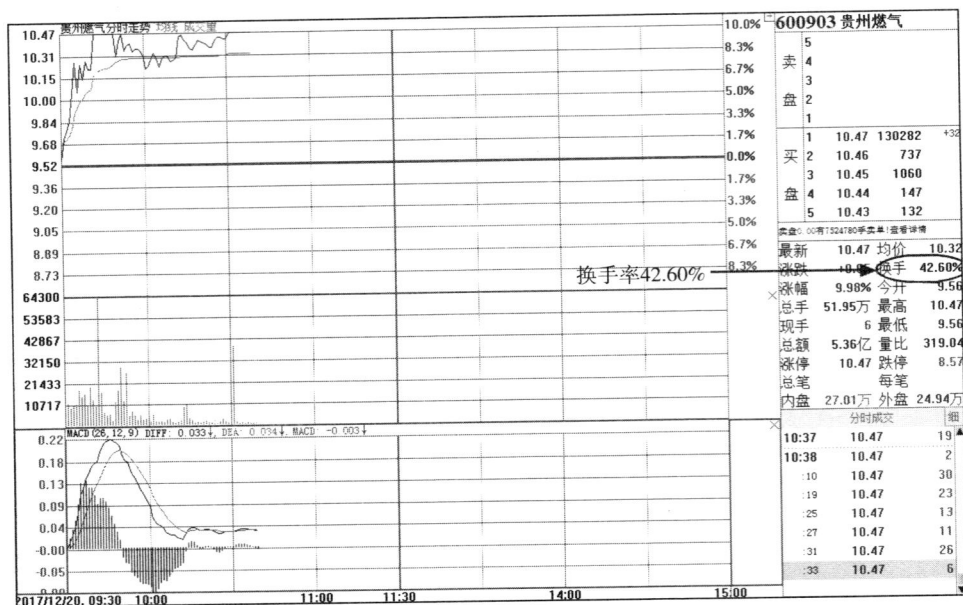

图5-23　高换手率示意图

▶ **实盘精解**

同兴达（股票代码：002845）经过一段时间的震荡之后，在2017年9月1日成交量突然出现明显的放大，并且在之后的三个交易日中换手率均在28%~35%。这与同兴达获得政府补助有关，明确了资金的介入，高换手率的可信度比较高（如图5-24所示）。

华夏幸福（股票代码：600340）经过涨停之后股价到达了一个高位区域，2017年4月12日成交量突然出现明显的放大，当日的换手率高达16.31%。这样一个高位区高换手率的走势对投资者绝对是警惕信号，后市行情将可能出现下跌。实际的盘面也可以证实这一信号的可信度，换手率在高位出现后，股价便开始大幅度下降（如图5-25所示）。

图5-24 2017年7月至9月同兴达的K线图

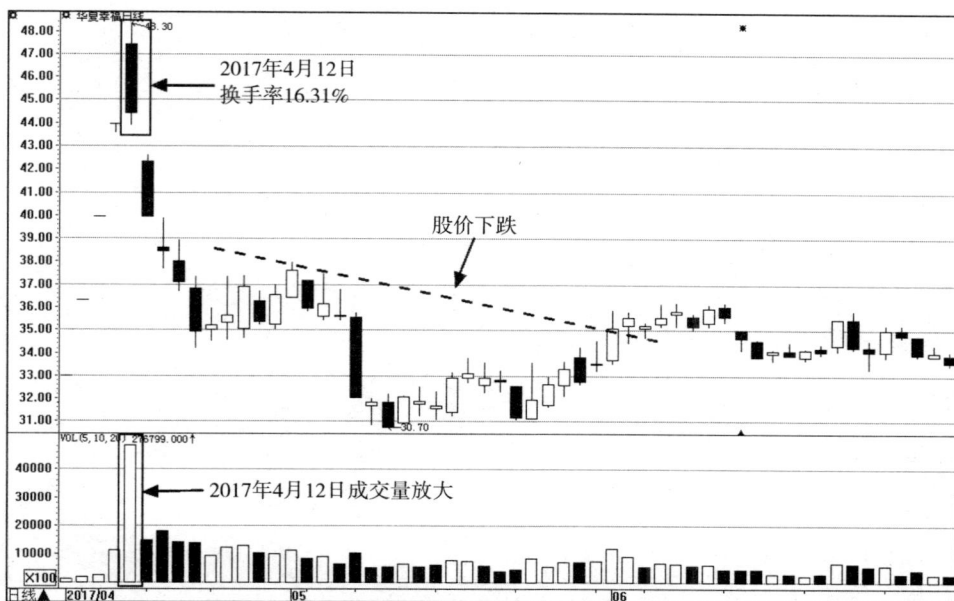

图5-25 2017年4月至6月华夏幸福的K线图

## ※ 高手如是说

任何一种类型的换手率都存在着一定的风险，例如在连续几个交易日中换手率都在10%以上，并且行情之前积累的涨幅很大，那么后市行情就可能出现反转。因此，任何一种类型的换手率都不存在绝对的利好，对于投资者而言，深入了解换手率的各个类型，根据具体的行情走势进行技术分析才是最关键的。

# 第四节 地量下的量价关系

## 》 形态识别

（1）地量是指股票成交量很少。

（2）地量是成交量指标中的一种形式，相对于其他指标而言，地量的形成不存在欺骗性，对投资者的操作具有指导价值。

（3）地量被认为是股市中最有价值的一项技术指标。

## 》 应对策略

（1）对地量进行分析可以结合市场状况，当市场的大体态势呈现向上趋势时，如果可以确认地量出现过，那么投资者就可以在股价上涨、成交量温和放量的时候进入；而假设市场的综合态势是向下的，此时投资者便不能盲目跟进了，而是应该结合个股的具体情况进行分析，因为在行情弱势的情况下地量可能再次出现。

（2）当地量产生时，如果股价同步在盘面上形成了比较完善的底部形态，例如常见的圆弧底、岛形底、头肩底等，投资者就可以根据不同形态的特征和作用与地量形成的位置，进行适当买入。

## 地量

### ▶ 基础速读

（1）地量是指股价的成交量很少，说明此时市场上卖的人较少（如图5-26所示）。

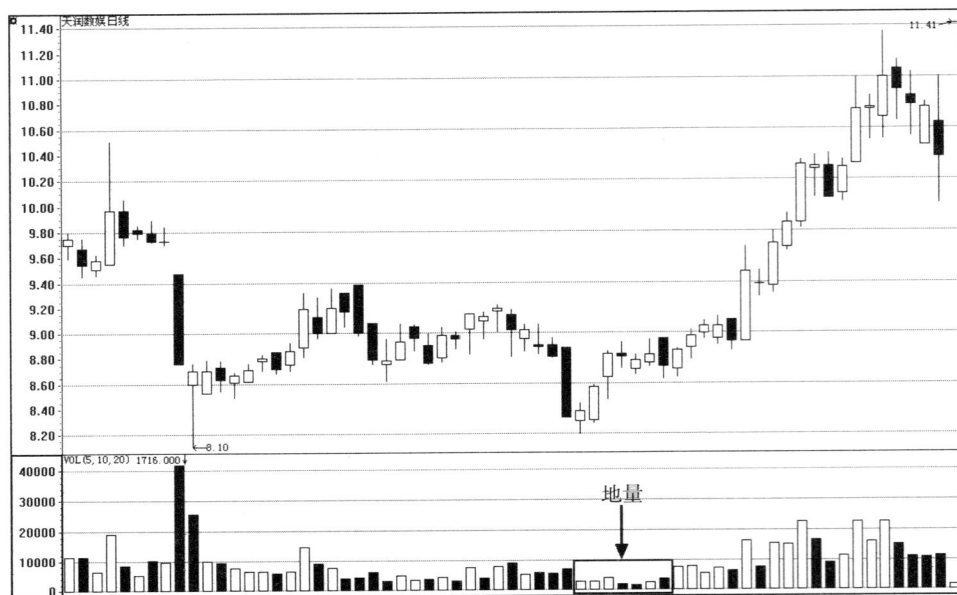

图5-26　地量示意图

（2）地量常常出现在行情长时间持续下跌后，此时市场人气变得涣散、交投不活跃，同时伴随着各种利空消息的传播，对于股民而言几乎不存在任何获利效应。由于行情长期下跌，大部分持股的投资者已经不再看好后市，因此大量抛售自己手中的持股，仅剩少数股民依旧坚持着。随着抛压不断变小，持币的也不想买盘，于是便导致成交量出现萎缩地量。

（3）地量具有相对性，是相对于大盘在高位区域时产生的天量而言的。

（4）当成交量极度萎缩甚至到了不能再萎缩的地步时，行情就快要见底了。

（5）地量的出现多数情况标志着原本的空头市场即将结束，因此对擅长布局中长线的投资者而言是针对个股建仓的最佳时机。

（6）投资者判断地量是否出现，可以以成交量缩减20%为一个信号，即走势底部的成交量和底部最高成交量相比缩减20%以下，就是一个地量出现的可能信号，此时持有大量资金的股民们可以选择试探性地入场。

▶ **实盘精解**

美的集团（股票代码：000333）自2017年6月26日进入到调整阶段，8月18日在震荡构筑阶段的底部区域成交量出现了明显的萎缩，形成了地量，当日的最高股价为39.44元。随后股价出现小幅度的上涨，投资者可以选择试探性地进场（如图5-27所示）。

图5-27　2017年6月至8月美的集团的K线图

## ※ 高手如是说

在对股票做地量分析时，股民一定要结合每只股票的基本情况找到出现地量的各种原因，如此才能对症下药，根据不同的情况采取相应的对策。地量不可能存在陷阱，是最真实最有价值的一个指标，因此对投资者而言具有重要的作用，为了增加判断的准确性，一定要结合不同因素全方位进行分析。

# 第五节 天量下的量价关系

## » 形态识别

（1）股价经过一波上涨行情之后，交投突然显得异常活跃，市场上出现各种利好信息，人气旺盛。

（2）这样的态势往往会引起股民的关注并开始大量地获利回吐，也会让一些谨慎的股民出现恐慌性抛售，从而导致成交量放大、股价下滑，此时较大的成交量就是我们所说的天量。

（3）股市中一直有这样一句名言"天量见天价"，意思大概就是当某只股票出现天量的时候，该股票的涨势就基本见顶了，后市行情将会发生反转。

（4）单凭经验来预测后市行情的发展方向并不准确。

## » 应对策略

（1）行情中出现天量，通常意味着投资者离场的时候到了。

（2）一般情况下，出现天量之后，行情会先出现一波上涨，之后再下跌。为了获利最大化，投资者可以提前把手中的筹码抛售一部分，剩下的筹码等到行情发展到新高之后再及时售出。

（3）保守的布局策略不仅能让投资者减少风险，还能扩大盈利。

## 天量

### ▶基础速读

（1）"天量"一词的本义是形容数量巨大，应用在股市中的具体含义是指股票当天的交易数量很大。通常情况下在走势发生反转的时候出现，这是因为市场需要对各种非理性股价的产生做出修正（如图5-28所示）。

图5-28 天量示意图

（2）对于做中长线布局的股民而言，天量的出现意味着出局时刻的到来。

（3）通常天量产生前，行情都会经历一段持续上涨，同时涨势幅度大，从而使股价运行到高位。

（4）行情大幅上涨后，走势会出现上涨乏力的状况。

（5）天量的出现往往表现为旺盛的市场人气、交投活跃以及大量利好消息的爆出。

（6）换手率在几个交易日中始终保持在较高的范围内。

（7）天量产生之后，通常还会再出现一波上涨行情，此时投资者如果早早地抛售股票，就不能实现利益最大化。所以，在天量出现的时候可以先将一部分筹码抛售，待后期成交量再次出现新高的时候再进行彻底清仓。这样保守的操作既可以使投资者降低风险，又能不错过获利机会。

▶**实盘精解**

方大炭素（股票代码：600516）经过一段时间的横盘之后，股价开始大幅度上涨。2017年6月13日股价最高仅为10.62元，一段时间大幅上涨之后，该股于2017年8月4日放出天量，当日股价最高达到37.18元，与6月13日涨势开始时相比涨幅达到了250.09%。在之后连续几个交易日中，该股的换手率均在10%以上，可以确定该股的大额成交量确实为天量（如图5-29所示）。

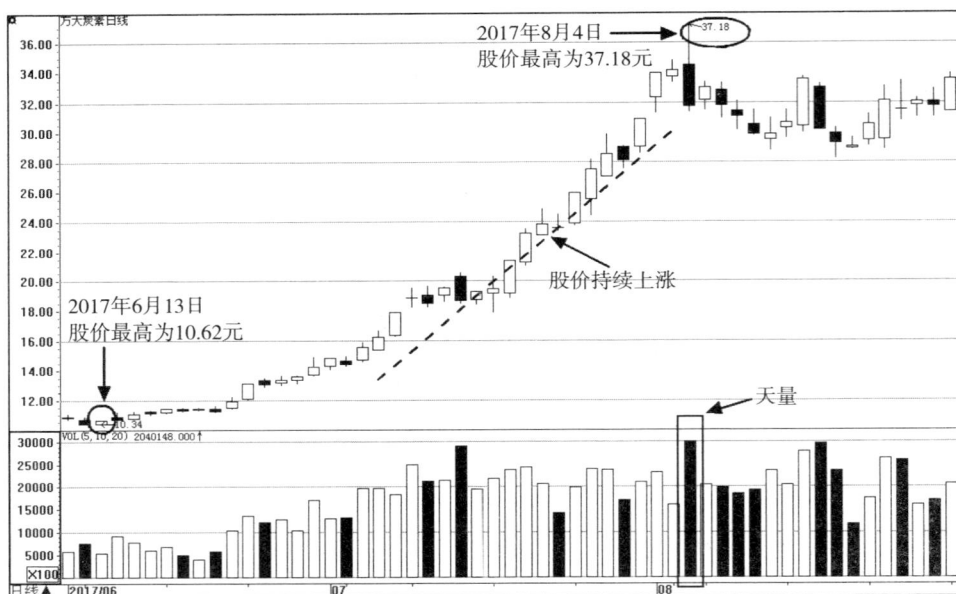

图5-29　2017年6月至8月方大炭素的K线图

## ※ **高手如是说**

1.对于布局中长线的投资者而言，天量的产生是离场出逃的指示信号，但是对习惯操作短线的股民而言却是套利的最佳时机。

2.投资者想要利用天量来获利，就一定要提前做出止损策略。这样在出现失误的时候才能及时找到对策，尽可能地弥补损失，必要的时候可以用"壮士断腕"的方式来降低自己的损失。

# K线交易法：洞悉K线，精准获利

在股市中，K线常常被认为是具有生命力的，它能用特别的"肢体语言"告诉投资者下一步该如何操作。在实际交易过程中，投资者掌握K线最根本的目的就是为了获取盈利，规避风险。那么本章我们就来系统学习并掌握K线的各种交易法则，读懂K线中蕴含的"潜规则"。

第六章

# 移动平均线交易法

　　移动平均线简称均线，是股票技术分析中最普遍、最简单、最实用的一种方法。移动平均线是用一段时间内的股票收盘价之和除以该周期，依据得出的平均值做出相应的线形图像。在股民看来，移动均线和我们前文提到过的很多指标一样会发出某些信号，这些信号的出现会影响到具体操作策略的选择。因此，投资者如果能够熟练掌握均线的性质、特征、运用范围等内容，便能增加股票操作的准确性。

# 第一节　5日均线：多方的护盘中枢

### 》 形态识别

（1）移动平均线分为短期均线、中期均线以及长期均线。

（2）通常我们所说的5日均线、10日均线、20日均线都属于短期均线，短期均线选取的时间周期较短，其中最典型、最具有意义的就是5日均线了。

（3）顾名思义，5日均线就是股票在5个交易日内成交价格的平均值，通常我们认为5日均线是多方的护盘中枢。

### 》 应对策略

（1）倘若股价上穿5日均线并且行情保持在5日均线的上方运行时，特别是行情总体趋势处在上涨时期，此时投资者可以放心介入。

（2）当股价下穿5日均线，特别是在股价下跌阶段的起始位置跌穿5日均线时，如果确认跌穿有效，那么投资者应及时将手中的持股进行抛售，如此才能规避下跌风险，减少损失。

## 1.股价上穿5日均线

### ▶ 基础速读

（1）股价向上穿过5日均线，意味着在这5个交易日中购入该股的投资者总体来说是获利的（如图6-1所示）。

（2）如果在之后连续的几个交易日中股价依然保持在5日均线之上，才能认为股价上穿5日均线有效，否则只能判定上穿失败。

（3）股价从下向上穿过5日均线，意味着控盘主力急迫地想要利用散户将股价推高。而从股民的角度看，股价上穿5日均线使均线获得了支撑力，此时是最佳的买入时机。

图6-1　股价上穿5日均线示意图

▶ **实盘精解**

海南高速（股票代码：000886）经过一段下跌走势后，于2017年7月17日下跌到相对低点位置，之后股价开始回升。一段小幅度的上涨之后，股价向上穿破了5日均线，在之后连续的几个交易日中股价一直保持在5日均线之上，因此确认此次股价向上突破均线有效。从具体的盘面可以明显看到，股价穿破5日均线后行情开始一路高涨。股民朋友如果在股价上穿5日均线的时候跟进，那么后市就能抓住一波利好行情（如图6-2所示）。

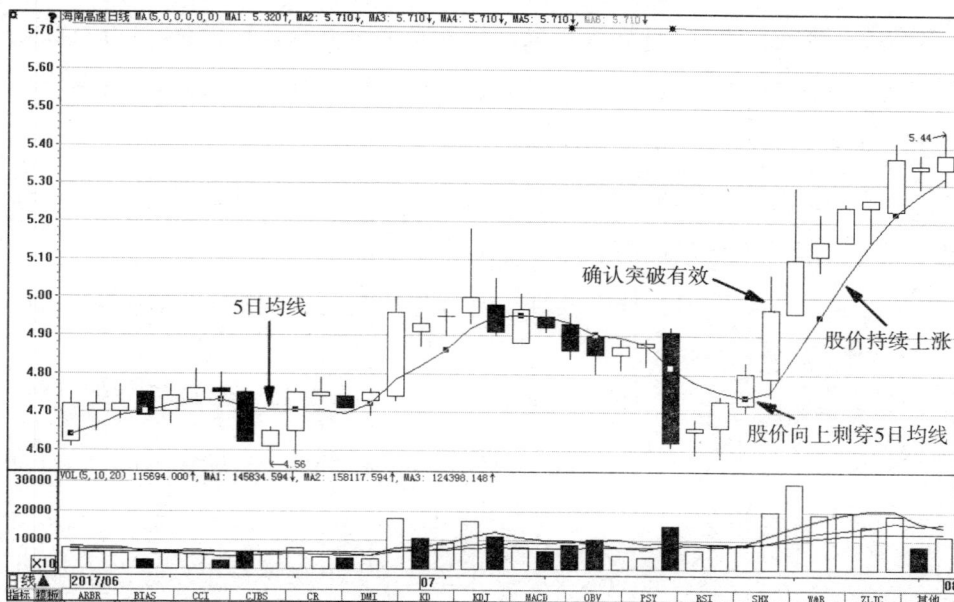

图6-2　2017年6月至8月海南高速的K线图

## 2. 股价下穿5日均线

### ▶ 基础速读

（1）当行情上涨到一定的高点位置后，常常会遇到获利盘的打击，进而股价开始下跌，随之自上而下跌穿5日均线（如图6-3所示）。

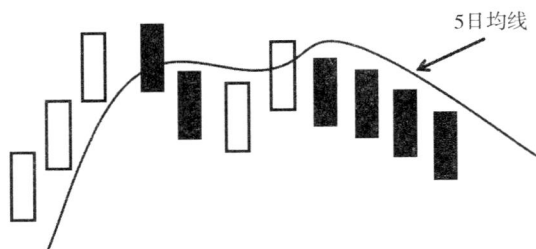

图6-3　股价下穿5日均线示意图

（2）与股价上穿5日均线相反，如果股价向下跌穿5日均线，并且在之后的短期交易日中股价保持在5日均线以下运行，才能确认为是有效跌穿，否则只能说明此次跌穿运行无效。

（3）当确认股价跌穿5日均线成立之后，该移动平均线便具有阻挡作用，后期股价在上穿的过程中就会受到很大的阻力。

（4）股价跌穿5日均线有效时，说明卖方压力逐渐增加，此时投资者应该卖出所持的股票。

### ▶ 实盘精解

哈高科（股票代码：600095）在2017年3月13日股价上涨到一定高位时开始出现下跌趋势。3月14日收出一根阴线，同时股价跌穿5日均线。之后行情进行反抽，但仍没有得到突破。股价在连续几个交易日中保持在5日均线下方运行，因此认为此次股价下穿5日均线有效。这一态势形成后，5日均线成为阻力线，股价出现大幅度下跌。投资者如果能在股价跌穿5日均线的时候及时抛售手中的股票，就能避免后市大幅度下跌带来的经济损失（如图6-4所示）。

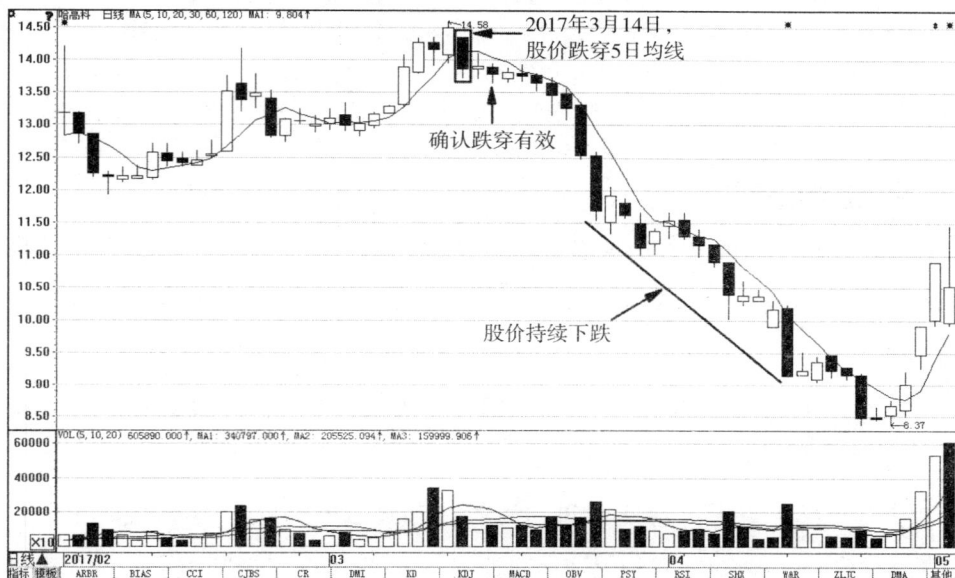

图6-4　2017年2月至5月哈高科的K线图

## ※ 高手如是说

5日均线是股民技术分析过程中比较重要的一个指标，通过分析该均线的变化形态，投资者可以提高对后市行情把握的准确性。对于很多投资者而言，掌握5日均线的用法能帮助他们找到买卖点位置，这也是移动平均线真正的价值所在。

# 第二节　30日均线：个股中期生命线

## » 形态识别

（1）30日均线被称为大盘和个股的中期生命线，中期均线除了30日均线还包括60日均线以及80日均线。在这几个中期均线中，当属30日均线最具有市场意义。

（2）对于个股而言，30日均线是判断有无庄家、庄家是否已经出货以及行情走势强弱的标准。

（3）在实战中，均线的周期越长，那么后市的变化趋势就更真实有效。30日均线强大的趋势性使其无论是在上涨行情中出现还是在下跌行情中出现，一旦趋势形成后就不容易被改变了。

（4）30日均线对股市的影响大致可概括为：30日均线之上的股票有机会高飞，而30日均线以下的股票却无法高飞。

## » 应对策略

（1）股价上穿30日均线可能会经过反抽确认的过程，但收盘价始终应该在30日均线上方；相反，股价下穿30日均线，收盘价应该保持在30日均线下方才能确认跌破有效。

（2）股价上穿30日均线被确认为有效的情况下，可以将其视为强烈的买入信号。

（3）当股价向下突破30日均线被确认为突破有效的话，则是代表着卖出信号。投资者如果能准确地辨别出这两种态势，就能抓住利好行情，规避风险。

## 1. 股价上穿 30 日均线

▶ **基础速读**

（1）股价上穿30日均线，且K线都位于均线之上（如图6-5所示）。

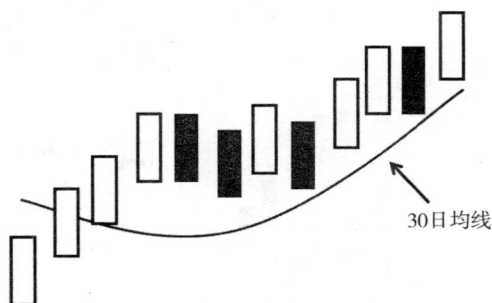

**图6-5　股价上穿30日均线示意图**

（2）股价上穿30日均线时一定要有成交量放大的配合。

（3）有些情况下，股价上穿30日均线后会经历一段回抽确认的过程，但是在这一过程中股价应当在30日均线上方运行。

（4）股价回抽的过程中，成交量比股价突破30日均线时有明显的萎缩。

（5）股价上穿30日均线时是最佳的买入时机。

（6）投资者无论是在股价突破当日还是在回购过程中买入，一旦行情没有上涨反而出现下跌，特别是股价出现新低、行情持续下跌时，一定要及时止损出局。这说明股价前期的上涨可能是行情下跌途中出现的中级反弹，真正的跌势还没有彻底结束。

▶**实盘精解**

拓维信息（股票代码：002261）经过一波下跌行情后到达低点位置，随后行情开始回升，股价于2017年5月19日上穿30日均线并开始回抽，但是股价始终没有跌落到30日均线下方。5月24日股价依然保持在30日均线之上运行，因此确认该突破有效，此时该股的最高股价为11.55元。股价向上突破30日均线确认有效后，行情一路高歌，截止到2017年6月29日股价已经涨到了12.90元（如图6-6所示）。

图6-6　2017年5月至6月拓维信息的K线图

## 2.股价下穿30日均线

▶**基础速读**

（1）股价运行到30日均线的下方（如图6-7所示）。

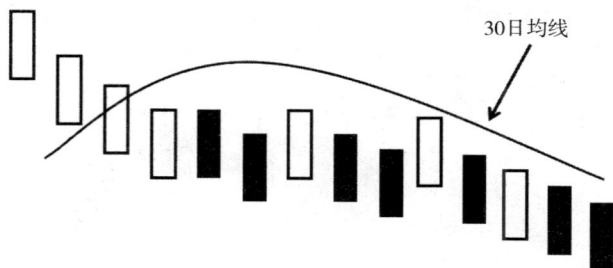

图6-7 股价下穿30日均线示意图

（2）股价下跌穿过30日均线之后常常会经过一段时间的反抽确认，但需要注意的是股价始终应该保证在30日均线下方运行。

（3）与股价上穿相反，下穿30日均线意味着卖出信号的产生。

（4）行情经过一段时间的下跌之后，股价向下穿过30日均线并且长期在30日均线下方运行，可是之后的某个交易日中行情突然上涨同时突破30日均线，就说明股价已经见底了。

▶ 实盘精解

安凯客车（股票代码：000868）的股价在一段下跌走势中，于2017年3月10日向下跌穿了30日均线，之后股价开始一段回抽过程，但是该股的收盘价都保持在30日均线的下方运行。3月14日确认股价向下跌破30日均线有效，此时股价最高为7.03元。从盘面中可以看到后市股价出现大幅度下跌，截止到5月10日该股最高价格已经下降到了5.61元。投资者如果能在股价跌破30日均线的时候及时抛售手中的持股，就能避免遭受后期行情下跌带来的损失（如图6-8所示）。

图6-8 2017年2月至5月安凯客车的K线图

## ※ 高手如是说

1.30日均线和5日均线相比趋势性更强，趋势无论涨跌，一旦形成就很难改变。很多短时间内出现大幅度上涨的股票即所谓的黑马股都是因为30日均线的呵护，才得以被投资者们关注。

2.本书中我们提到了很多双重底、圆弧底等比较典型的形态，当股价向上突破这些形态的时候，投资者应该注意观察股价是否也一同向上突破了30日均线，若股价同时突破了30日均线，那么后市行情上涨的可能性更高，是强烈的买入信号。

# 第三节　120日均线：长期趋势的风向标

## 》 形态识别

（1）60日之后的均线系列都属于长期均线，其中最常见的有120日均线和240日均线两种。

（2）两种均线相比较，120日均线更具有实用性。

（3）120日均线也被称为"半年线"，由于其时间周期比较长，因此很多投资者常常会忽略对该均线的分析和使用。殊不知，120日均线可谓是股价走势的灵魂线，也是投资者技术分析中重要的参考指标。

## 》 应对策略

（1）股价上穿120日均线后，如果回抽确认有效，那么突破成功，此时投资者可以选择介入该股。

（2）倘若股价上穿120日均线后，在反抽过程中股价掉头跌破120日均线，则只能判定该突破无效，属于假突破。那么持股的投资者就要在形成反抽时及时清仓离场，如此才能避免后市行情下跌带来的重大损失。

## 1. 股价上穿 120 日均线

▶ **基础速读**

（1）股价长时间运行在120日均线下方，当积攒到一定程度的突破力量后，长线主力便会开始放量并上穿120日均线（如图6-9所示）。

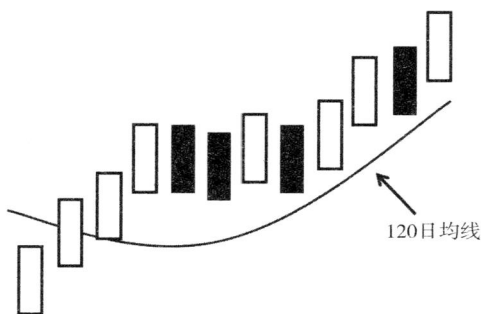

图6-9　上穿120日均线示意图

（2）由于股价长时间处于横盘的状态，因此很多投资者便按捺不住着急将手中的持股进行抛售，导致底部筹码也被主力所吸纳。

（3）当控盘主力获取到充足的筹码后，便会推动股价不断上升。

（4）股价上穿120日均线后会在该均线之上运行，随后便进入到回抽的过程。

（5）回抽的过程中股价震荡，会令很多持股的投资者误以为行情将要下跌，于是纷纷选择套现离场，而部分在场外观望的投资者看到这样的行情也会被吓得不敢轻易进入，可实际上此时是最佳的买入时机。

▶ **实盘精解**

铁龙物流（股票代码：600125）很长一段时间股价都在120日均线的下方运行，直到2017年7月17日成交量突然放大，股价向上突破120日均线。

7月19日该股的收盘价始终保持在120日均线之上，因此确认股价突破有效，此时该股的最高股价为10.06元。120日均线被突破后，股价在主力的操控下横向运行了一段时间，这使得很多耐不住性子的持股人纷纷抛售手中的筹码，主力吸收了一定量的筹码后便开始不断拉升股价，2017年8月30日该股的最高股价为14.88元，与7月19日的价格相比上涨幅度为47.91%。如果投资者识破这一行情走势，那么就能抓住后市这一波上涨行情（如图6-10所示）。

图6-10　2017年6月至8月铁龙物流的K线图

## 2. 股价假突破120日均线

### ▶ 基础速读

（1）行情在120日均线下方已经运行了一段时间（如图6-11所示）。

图6-11　假突破120日均线示意图

（2）在某交易日，股价突然上升同时穿破了120日均线。

（3）股价上穿120日均线之后没有坚持涨势，反而掉头向下运行，有时甚至会出现跳空向下的态势，随后股价跌穿120日均线，这就是所谓的股价假突破均线。

（4）遇到这样的行情，股民最佳的操作策略就是迅速离场，在场外观望。如此才能避免因回抽突破失败，行情下跌导致的重大损失。

▶ **实盘精解**

福日电子（股票代码：600203）在2016年11月至12月期间，股价在120日均线的下方运行了一段时间，经过几次反弹后，股价于2017年3月3日放量并突破120日均线。但是行情似乎没有朝着预想的涨势发展，突破均线后股价出现小幅度的回抽，3月8日收出小阴线，股价随后跌破120日均线，此次突破最终宣告失效，此时股价最高价格为12.08元。此次突破失败后该股便开始了大幅下跌，截止到6月2日该股股价已经跌到了7.38元。如果投资者没有正确地辨认出该行情，而是在股价突破120日均线的时候介入该股，那么就会面临重大的损失（如图6-12所示）。

图6-12　2016年11月至2017年6月福日电子的K线图

## ※ 高手如是说

投资者在进行技术分析的过程中，通常都会将120日均线与短期均线结合在一起进行分析，这样能提高分析结果的准确性。120日均线可以认为是股价长期走势的一个风向标，不仅具有较高的可信度，而且在实战操练的过程中对股民也有重要的指导意义。

# 第四节　不可不知的均线分布形态

## 》　形态识别

（1）均线与均线之间都是存在联系和交集的，在实战中均线的分布形态多种多样。

（2）通过对均线分布形态进行研究，投资者可以更准确地分析预测出后市行情发展的方向。

（3）常见的均线分布形态主要有多头排列、空头排列、"黄金交叉"、"死亡交叉"、"死亡谷"五种形态。

## 》　应对策略

（1）不同均线的分布排列方式或交叉形态往往具有不同的技术含义。

（2）均线呈现多头排列通常为买入信号的发出，空头排列为卖出信号的发出。

（3）短期均线与中期均线相交形成"黄金交叉"，可视为买入信号，此时投资者可以进行加仓或者介入。

（4）相反，若形成"死亡交叉"则意味着后市行情可能要下跌，是卖出信号的发出，投资者应该择机离场。

（5）若均线之间构成"死亡谷"，则意味着行情不容乐观，是很危险的信号，投资者应该立即清仓离场，否则可能会给自己带来严重的经济损失。

## 1. 多头排列

▶ **基础速读**

（1）位于组合形态最上边的那条线是短期均线（如图6-13所示）。

（2）中期均线位于中间位置。

（3）长期均线的位置在最下方。

（4）上述几根均线依次排列同时呈现向上移动的态势，这就是所谓的多头排列。

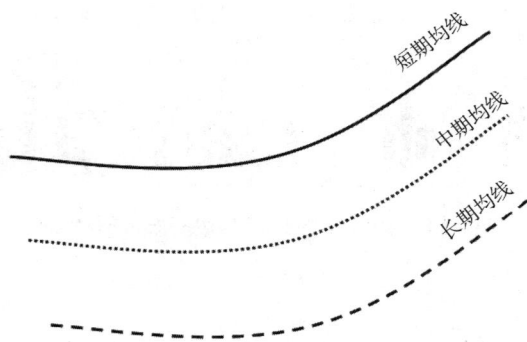

图6-13　多头排列示意图

（5）出现多头排列则意味着买方（多方）力量不断加强，后市行情将由买方来主导，此时是买进信号。

（6）当多头排列发展到后期时，投资者应该有所警惕，因为行情可能开始出现下跌了。

▶ **实盘精解**

伊利股份（股票代码：600887）经过一段时间的上下波动后，均线呈现多头排列，从盘面上可以看出股价整体呈现上涨趋势。以2017年7月10日为起点，当日股价最高为20.60元，截止到9月15日股价最高为24.37元，这段时间内该股涨幅达到18.3%（如图6-14所示）。

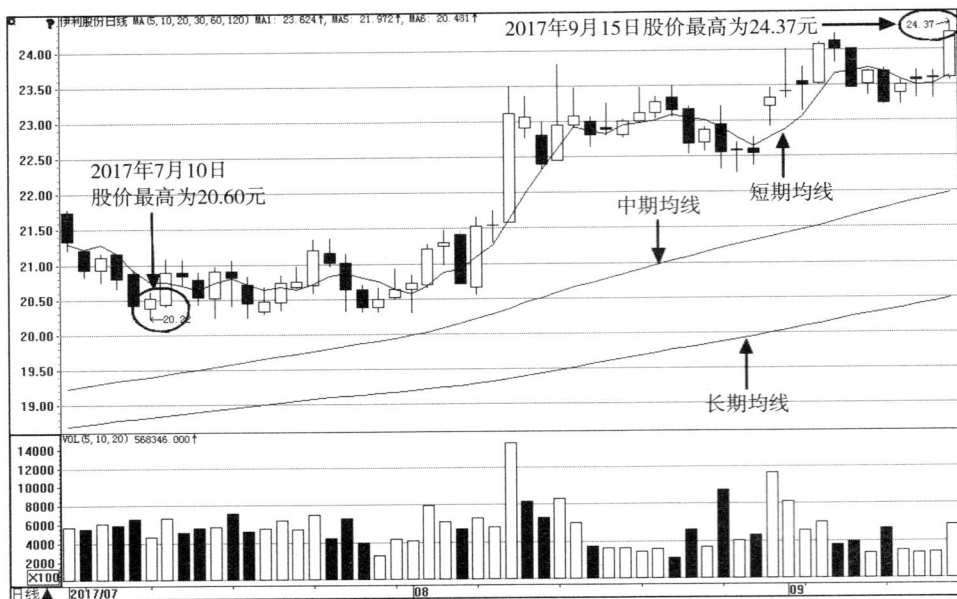

图6-14 2017年7月至9月伊利股份的K线图

## 2. 空头排列

▶ **基础速读**

（1）与多头排列不同的是，位于形态最上边的是长期均线（如图6-15所示）。

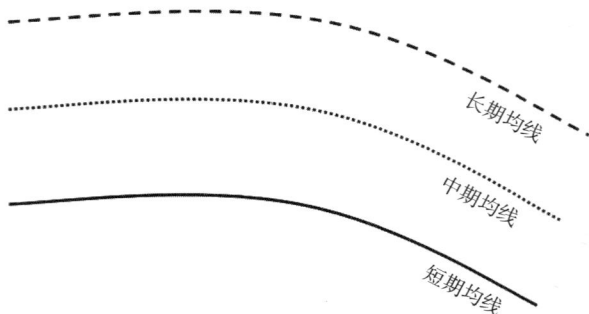

图6-15 空头排列示意图

（2）中期均线仍然居于中间位置。

（3）最下方的是短期均线。

（4）短、中、长三条均线依次排列，股价向下同时呈圆弧状跌落。

（5）当大盘或个股经历一波涨势之后通常更容易出现空头排列，该形态的出现往往意味着后市将迎来一波下滑行情。

（6）当股价位于高位时出现空头排列，投资者应该选择套现了结，场外观望。

▶**实盘精解**

大富科技（股票代码：300134）2016年经过一波上涨趋势后在年末开始出现下滑趋势。2017年2月9日该股遭到停牌，于9月1日复牌，复牌后股价连续几个交易日出现跌停，随后开始反弹，从均线分布上看属于空头排列。2016年12月6日该股的最高股价为29.38元，均线空头排列形成后股价一路大跌，截止到2017年9月6日该股最高股价仅为18.73元（如图6-16所示）。

图6-16　2016年12月至2017年9月大富科技的K线图

## 3. "黄金交叉"

▶ **基础速读**

（1）短期均线在上升的过程中由下向上穿过上升过程中的长期均线或中期均线，两条均线形成交叉，并且运动方向一致向上，这样的形态被称为"黄金交叉"（如图6-17所示）。

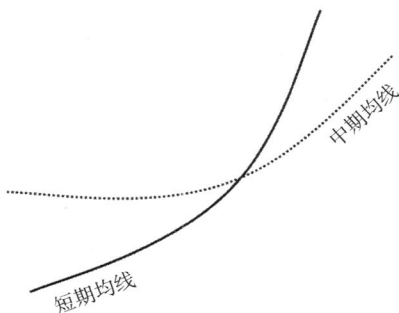

图6-17 "黄金交叉"示意图

（2）出现"黄金交叉"则意味着后市行情看好，是一种买入信号。

（3）从具体情况来看，不同周期的均线在同一时间点上形成交叉的具体形态各不相同。

（4）两根时间周期比较长的均线如果出现"黄金交叉"，其买入信号更强，可信度也会更高。而两根时间周期短的均线形成"黄金交叉"，买入信号要稍微弱一些。

▶ **实盘精解**

宝钢股份（股票代码：600019）在2017年5月11日到达了一个相对的低点位置，此时股价最高为5.90元。之后的几个交易日中股价出现小幅回升，随后该股的短期均线向上穿过中期均线，并且两条均线呈现出同时向上移动的态势，因此确定为形成了"黄金交叉"。该形态形成后股价不断上涨，截止到2017年8月8日该股股价最高为8.98元，涨幅达到了52.20%（如图6-18所示）。

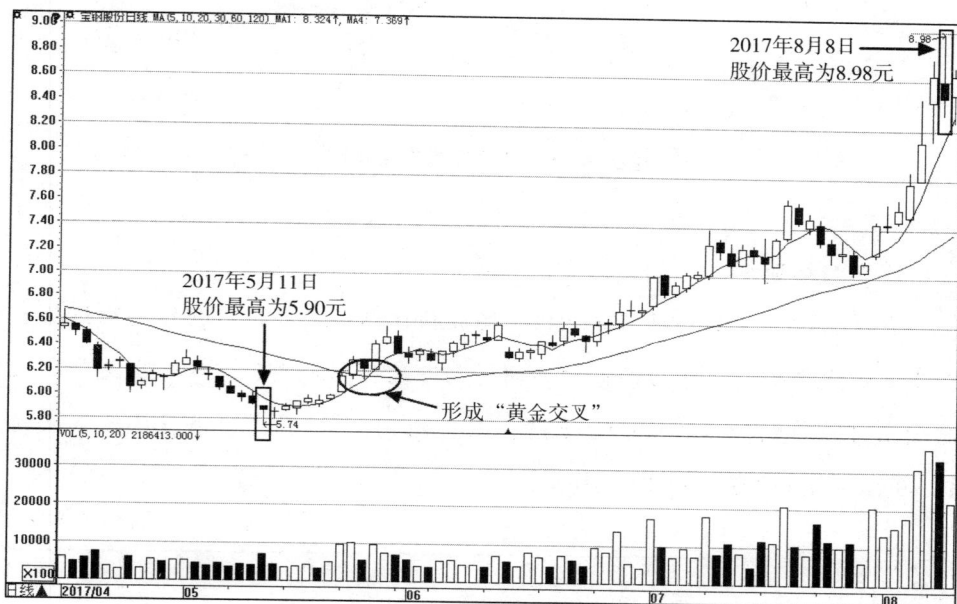

图6-18　2017年4月至8月宝钢股份的K线图

## 4."死亡交叉"

▶ **基础速读**

（1）短期均线在下降的过程中自上而下穿过长期均线或中期均线，同时两根相交的均线也一并向下运行，这就是"死亡交叉"（如图6-19所示）。

（2）"死亡交叉"是与"黄金交叉"相反的行情，通常该形态的出现被当作一种强烈的卖出信号。

（3）不同时间周期的均线所形成的"死亡交叉"代表的意义各不相同，时间周期越长的两条均线形成"死亡交叉"，其产生的卖出信号越强，可信度也更高。

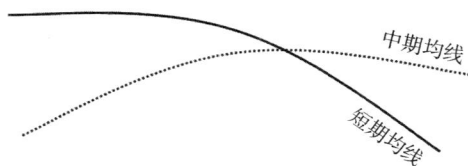

图6-19　"死亡交叉"示意图

▶**实盘精解**

鼎汉技术（股票代码：300011）的股价达到一定高位后，短期均线从上而下穿过中期均线，随后两条均线同时向下运行，形成了"死亡交叉"。从盘面上可以看到后市股价一路下滑，截止到2017年7月17日该股已经下跌到13.49元的低点位置（如图6-20所示）。

图6-20　2017年4月至7月鼎汉技术的K线图

## 5."死亡谷"

▶**基础速读**

（1）从以往的股市行情中可以发现，处于上升中的均线在出现逆转的过程中是比较容易形成"死亡谷"的。

（2）"死亡谷"是指K线图中的三条均线共同构成的不规则形状。一般情况下是短期均线向下穿过中期、长期两条均线，中期均线朝下穿过长期均线（如图6-21所示）。

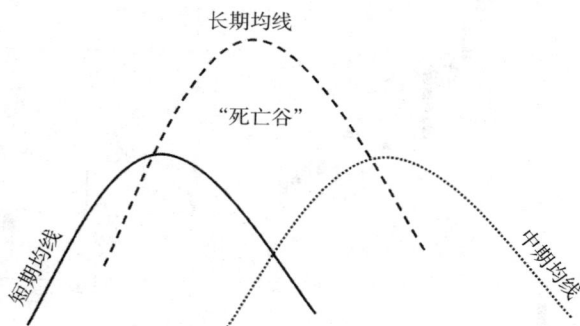

**图6-21　"死亡谷"示意图**

（3）"死亡谷"从字面上看，就知道这一形态的出现往往会带来不利的影响。一旦技术上出现"死亡谷"，就意味着空方已经聚集了十分强大的杀跌能量，后市行情即将出现大幅度下挫，因此"死亡谷"的出现被认为是一个典型的卖出信号。

（4）当"死亡谷"形成时，如果行情之前已经出现一段涨幅，那么就意味着股价已经做好下跌的准备了。均线形成"死亡谷"是一个十分危险的信号，此时持股的投资者最正确的操作策略就是做空并及时离场，才不会造成大的损失。

▶**实盘精解**

太钢不锈（股票代码：000825）于2017年4月5日上涨到了相对高点位置，当时的最高股价为5.17元，随后股价开始出现小幅度的下滑，股价在下滑的过程中5日均线、10日均线及20日均线形成了一个"死亡谷"的形态，伴随着该形态的出现股价出现了大幅度的下降，截止到2017年6月2日股价已经跌至3.91元（如图6-22所示）。

图6-22　2017年3月至6月太钢不锈的K线图

## ※ 高手如是说

1.投资者判断股市行情和预测未来趋势往往会用到均线分布，不同均线构成的形态所代表的市场意义和造成的影响截然不同。因此，均线的各个形态是股民朋友需要掌握的重要分析技巧。

2.需要注意的是，在实际的盘面中不一定所有的均线之间都能构成一个标准的形状，投资者需要根据个股的实际情况进行判断和运用。

第七章

# MACD交易法

对于炒股的人来说，MACD指标是再熟悉不过了。在股市的技术分析中，MACD是最经典的一个指标，它不像K线那样杂乱，其形态更加稳定且具有滞后性。因此，MACD被越来越多的投资者广泛运用。在实际的股票投资中，MACD不仅可以帮助投资者捕捉上涨点，还能为投资者提供最佳买卖点位置。

# 第一节 "拒绝死叉"与"拒绝金叉"交易法

## 》 形态识别

（1）通常情况下，我们习惯性地将DIFF快线从上向下穿过DEA慢线的形态称之为"死亡交叉"；而所谓的"黄金交叉"与"死亡交叉"恰恰相反，是DIFF指标线由下向上穿越DEA指标线。

（2）无论是"死亡交叉"还是"黄金交叉"，两种现象的形成并不会总是按照预想的方向发展，当DIFF指标线向下穿过DEA指标线快要形成"死亡交叉"时突然改变运行轨迹，从而导致形成"死叉"失败，这样的走势便被称为"拒绝死叉"。同样，若是DIFF指标线改变运行方向致使"黄金交叉"形成失败，那么可称为"拒绝金叉"。

## 》 应对策略

（1）"死亡交叉"的形成往往会带动一波股价的下跌，所以该形态代表着强烈的卖出信号，而"拒绝死叉"是改变了股价原本不利的态势，使行情由坏转好，因而是一个利好信号。

（2）"黄金交叉"本身代表着强烈的买入信号，而"拒绝金叉"是利好行情被改变，说明行情可能转弱，是强烈的卖出信号。

## 1."拒绝死叉"

### ▶基础速读

（1）DIFF指标线自下而上穿过DEA指标后，一段时间内继续呈现向上运行的态势，在这个阶段会累积获利盘，此时控盘主力必然会将获利盘"洗"出局。主力洗盘的最终结果是导致股价在一段时间内出现大幅下跌，股价下跌必然使得DIFF指标线缓慢向下，与此同时DEA指标线缓慢向上。当DIFF指标线即将穿过DEA指标线时主力开始推升股价，为自己出货提前做好准备，因此导致DIFF指标改变轨迹没有继续下行，反而转头向上，这样的一个过程之后"死亡交叉"走势形成失败，由此便形成了"拒绝死叉"（如图7-1所示）。

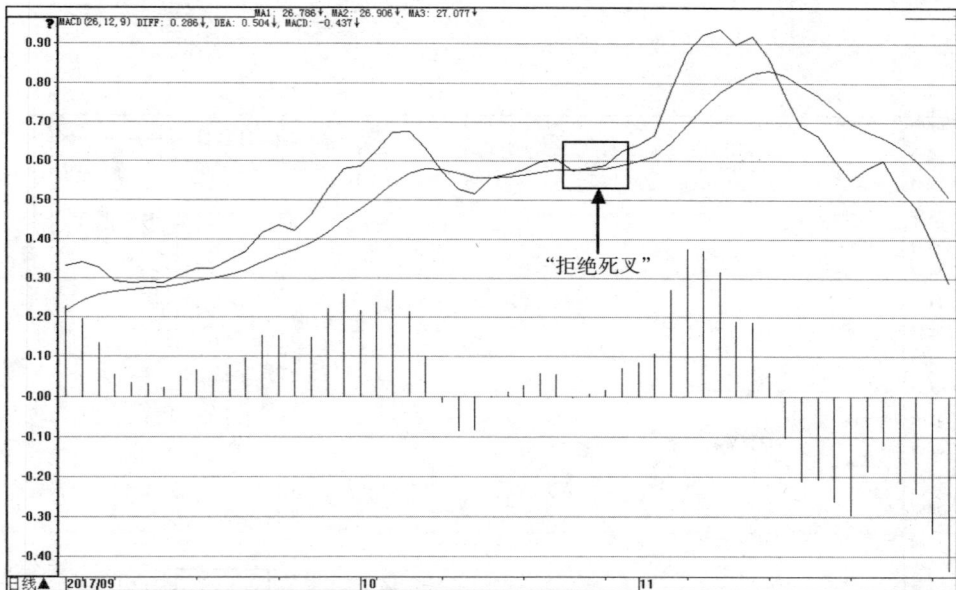

图7-1　　"拒绝死叉"示意图

（2）通常情况下，"拒绝死叉"走势形成后行情会出现上涨，但股价上涨的幅度要达到前一高点位置，这样的现象是少之又少的。

（3）主力为达到洗盘的目的常使用的手法之一就是"拒绝死叉"。对于投资者来说，"拒绝死叉"的出现代表着买进信号。出现这样的态势，股价通常情况下会不断接近前一个高点，因此要随时关注MACD指标的形态，在即将出现"死叉"时要高度重视并做好随时介入的准备。

（4）"拒绝死叉"也可称为"MACD反身向上"，在MACD指标的态势反身向上的时候，正是投资者最佳的介入时机。

▶ **实盘精解**

现代制药（股票代码：600420）的股价经过一段时间的震荡之后，于2017年3月31日该股的MACD指标形成了"拒绝死叉"，此时股价最高为32.77元。之后股价不断攀升，截止到4月21日股价已经涨到了37.00元的高价。如果投资者可以在指标线反身向上的时候及时买入该股，那么就能吃到后期这波上涨行情（如图7-2所示）。

图7-2  2017年1月至4月现代制药的K线图

## 2."拒绝金叉"

▶ **基础速读**

（1）当DIFF指标线从上向下穿过DEA指标线后，在某段交易日内仍然维持着向下运行的态势，随后指标线突然扭转态势朝上运行，但是在DIFF指标线自下而上即将与DEA指标线相交形成"金叉"的时候，由于受到阻力指标线再次转头向下，"黄金交叉"态势形成失败，于是便出现了"拒绝金叉"（如图7-3所示）。

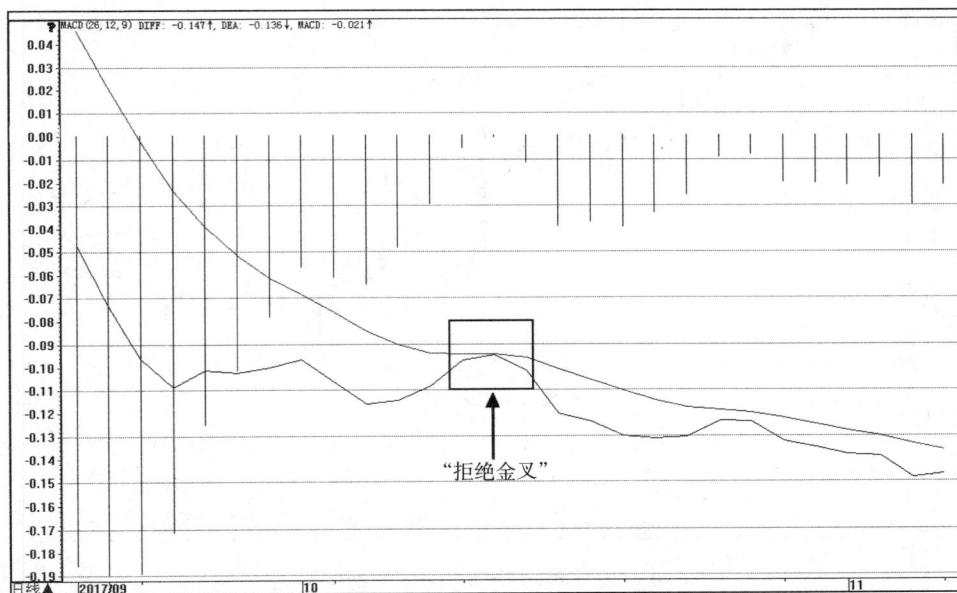

图7-3　"拒绝金叉"示意图

（2）通常情况下，我们认为"黄金交叉"代表着买进信号，而"拒绝金叉"却恰恰相反，它的出现代表着强烈的卖出信号。

（3）当某一只股票的MACD指标形成"拒绝金叉"后又出现其他介入信号，此时投资者应该选择介入。

▶ **实盘精解**

美达股份（股票代码：000782）在上涨到一定的高点位置后股价便开始回落。2017年4月17日MACD指标形成了"拒绝金叉"的形态，股价随之出现大跌。5月9日该股再次形成"拒绝金叉"，两次"拒绝金叉"使该股下跌幅度巨大。直到5月17日，MACD形成"金叉"，股价开始缓慢回升。面对这样的行情，如果投资者清楚地了解各个形态的意义和作用，就能及时避开不利行情，抓住利好行情，从而不断扩大获利空间（如图7-4所示）。

图7-4　2017年3月至6月美达股份的K线图

## ※ 高手如是说

1.在实战中，无论MACD即将形成"拒绝死叉"还是"拒绝金叉"，投资者都应该重视，在决定下一步操作策略之前一定要先认清走势，再做判断。

2.股价在回升的时候如果伴随着成交量的减少，同时股价在30日均线附近徘徊运行，那么只要没有出现"死叉"或"拒绝金叉"这两种态势，投资者就可以考虑介入其中。

3.当DIFF指标线与DEA指标线构成"拒绝死叉"时，行情通常会上涨；当两种指标线形成"拒绝金叉"时，股价通常会下跌。

# 第二节 "空中加油"，为个股"加油"

## 》 形态识别

（1）"空中加油"本来是军事用语，而在股市中则是非常知名的一种形态。所谓的"空中加油"实际上是指控盘主力在拉升某只股票的过程中出现暂时性的休整状态，从而达到清洗筹码的目的。

（2）在实际的盘面上，"空中加油"并非只是由DIFF指标线与DEA指标线构成的一种形态，而是由"死叉"和"金叉"共同构成的组合形态。

## 》 应对策略

"空中加油"这一特殊情况之所以能够成为投资者战略布局的参考依据，是因为该形态在行情走势中十分强势。当股价进入到"空中加油"的状态时，通常后市股价会开始一轮凌厉的涨势。

## "空中加油"

### ▶基础速读

（1）DIFF指标线从下向上穿过DEA指标线后构成"金叉"形态，随后两条指标线呈向上运行的趋势，几个交易日后甚至可能上穿0轴（如图7-5所示）。

（2）两条指标线向上运行一段时间后，DIFF指标线开始转向并缓慢向下穿过DEA指标线，从而形成"死叉"。

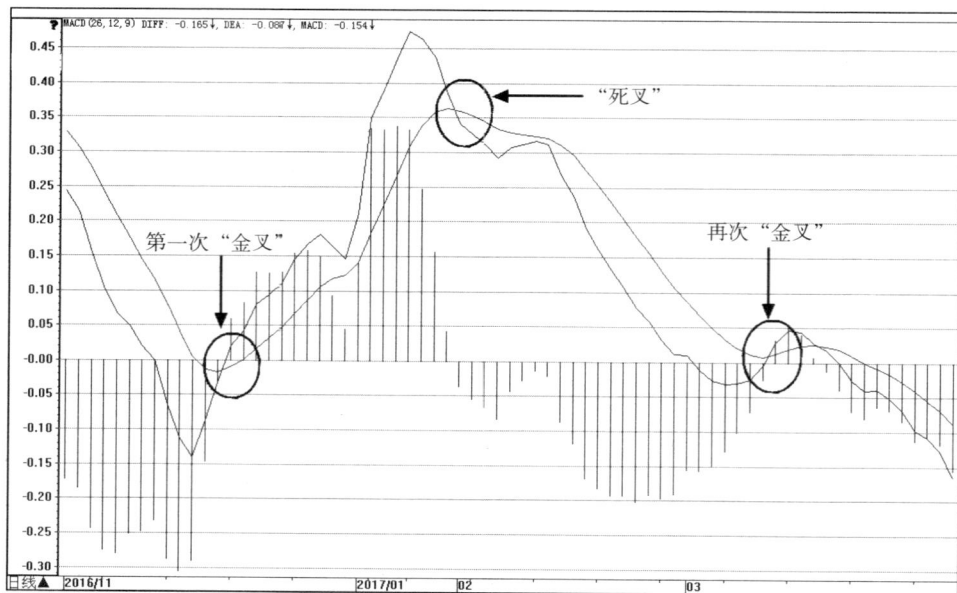

图7-5 "空中加油"示意图

（3）完成"死叉"形态的构成后，DIFF指标线再次转头向上，自下而上穿过DEA指标线，形成第二个"金叉"，整个过程运行结束后便完成了"空中加油"。

（4）实战中，"空中加油"并没有固定的"标准形态"，DIFF指标线与DEA指标线第一次出现交叉可以是"黄金交叉"，也有可能是"拒绝死叉"，因此各种指标形成"空中加油"的形态也各种各样。

（5）通常情况下，"空中加油"形成后行情都会出现大涨，因此很多投资者都认为该形态是一个可靠的买入信号。

▶ **实盘精解**

达安基因（股票代码：002030）股价在底部经过一段时间的下跌后，在2017年4月28日DIFF指标线与DEA指标线相交形成"金叉"，此时股价最高为20.95元。直到5月8日该股MACD指标形成"死叉"形态，股价出现明显的回落，经过几个交易日于5月19日该股再次出现了"金叉"，综合这段时期内的走势可以看出该股形成了"空中加油"的形态，从实际盘面上可以看到，完成"空中加油"后股价不断飙升，截止到2017年7月13日该股股价已经上涨到24.38元。如果投资者能准确地把握"空中加油"这一形态，就能吃到一波上涨行情（如图7-6所示）。

图7-6　2017年3月至7月达安基因的K线图

西部建设（股票代码：002302）在2017年1月份股价在底部经过一段时间的小幅度波动后，DIFF指标线与DEA指标线于2017年2月7日形成了"拒绝金叉"形态，此时股价最高为11.30元。到了2月17日MACD指标又再次构成了"死叉"，股价出现横盘状态，持续了几个交易日后终于在3月17日MACD指标形成"金叉"，股价横盘的局面被打破，随后股价出现大幅上涨。根据实际的盘面，可以判断出此次MACD指标构成的形态为"空中加油"。3月17日DIFF指标线自下而上穿过DEA指标线，正是"空中加油"整体形态构建完成的时候，截止到2017年5月3日该股股价最高为26.24元，与2月7日的股价相比较此次行情涨幅达到了132.21%。投资者如果能够及时发现这一形态，选择在2月7日买入该股并在5月3日进行抛售，那么将收获丰厚的盈利（如图7-7所示）。

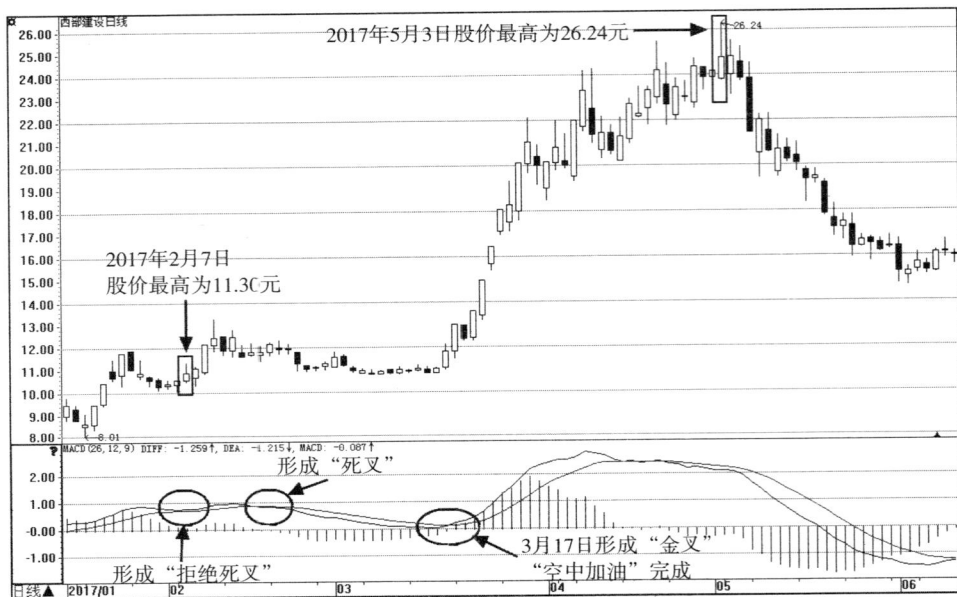

图7-7　2017年1月至6月西部建设的K线图

## ※ 高手如是说

1.在实战中，投资者如果看到某只股票出现"空中加油"，那么可以及时介入该股，这样一来就能吃到后市的一波上涨行情。

2."空中加油"若出现在一波幅度大的上涨行情之后，那么后市行情上涨的幅度也不会小。

3.需要引起注意的是，若是"空中加油"形态构成之后股价出现跌穿5日均线和10日均线的情况，则意味着后期走势上涨的幅度将变得更小。

4.当出现"空中加油"后，激进型的投资者可能会选择及时介入，而对于一些保守型的投资者来说，为了防范风险，可以在股价站稳5日均线和10日均线后再布局跟进。

# 第三节 "顶背离"和"底背离"交易法

## » 形态识别

（1）几乎所有的技术指标中都会出现背离的现象，它的出现常常代表着市场行情将会见顶或者见底。

（2）指标背离大致可以分为"顶背离"和"底背离"两种形态，虽然背离现象通常带有提示性的作用，但是在众多技术分析工具中这两种现象却常常被投资者忽视。

## » 应对策略

（1）一般情况下"顶背离"能帮助股民避免因"高台跳水"而导致股票在高位被套的风险。

（2）"底背离"能为投资者提供明显的买入信息。

（3）"顶背离"和"底背离"都能为投资者的技术分析提供重要的价值和参考，要想利用好这两种工具，就应该清楚MACD指标中的背离具体是怎样的情况。

## 1. "底背离"

### ▶ 基础速读

（1）"底背离"是指股价呈现向下行的波浪状，并不断地创造出两个甚至三个近期的低点位置，新形成的低点通常比前一个低点的位置更低（如图7-8所示）。

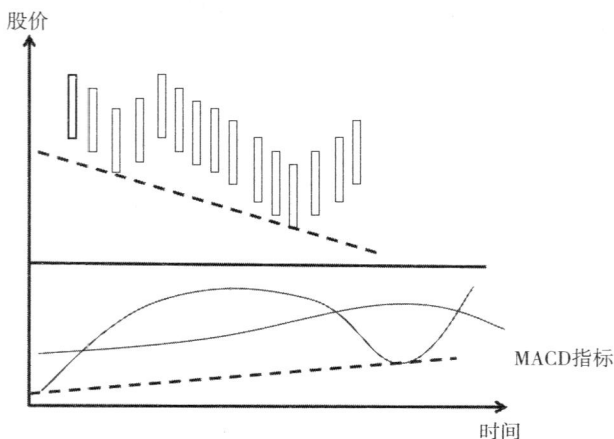

图7-8 "底背离"示意图

（2）DIFF指标线和DEA指标线与股价的走势相反，没有配合股价构成低点出现的低点位置，假设此时出现两次"黄金交叉"，那么股价将会大幅上涨。

（3）"底背离"的出现意味着卖方力量已经耗尽，无力再向下做空。

（4）此时若股价破位向下并形成新的低点位置，我们多半可以将其认为是空头陷阱。

（5）"底背离"通常代表着买入信号，遇到这种情况投资者可以选择布局短线操作。

▶ 实盘精解

从5分钟图中可以看到，东方证券（股票代码：600958）在2017年7月17日至18日期间股价下跌并不断反弹回升，形成了一底低于一底的状态。从MACD指标中可以看出指标与股价呈现背离，出现了一底高于一底的状态。

因此，从整体上来看，该股形成了"底背离"。

2017年7月18日13时15分该股创出了相对低点，此时股价最高为14.08元。在"底背离"形态构建结束之后，股价出现大幅度的上涨趋势，截止到2017年7月19日10时55分，该股股价最高为15.70元。若投资者能辨别出该形态，便可以选择性地介入该股（如图7-9所示）。

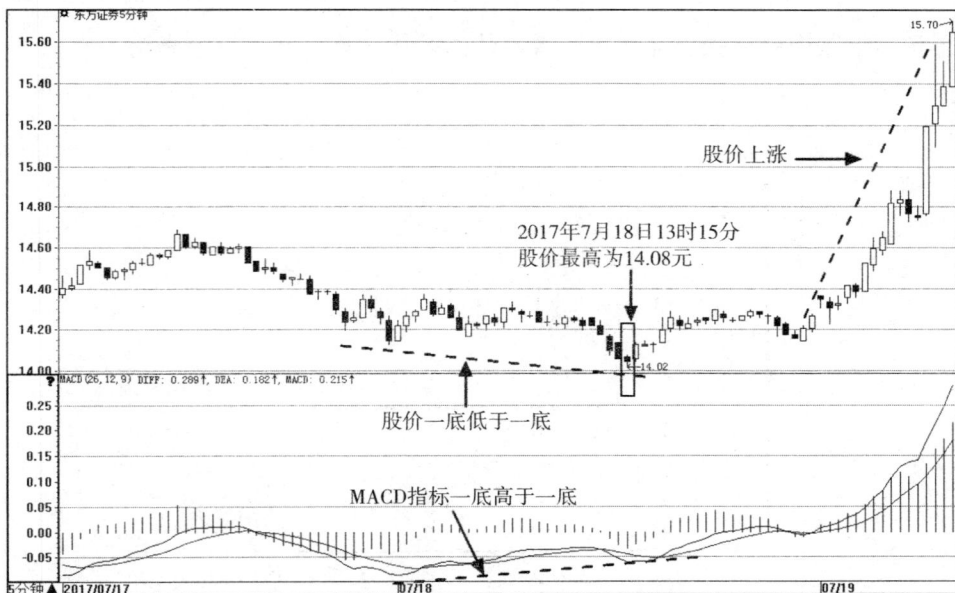

图7-9　2017年7月东方证券的5分钟K线图

## 2. "顶背离"

▶ **基础速读**

（1）"顶背离"的走势形态正好与"底背离"相反，股价在K线图上不断创造出新的高点位置，新形成的高点总是比前一个高点位置更高（如图7-10所示）。

（2）在MACD指标中交叉点的位置却是一点比一点低。

（3）"顶背离"的形成预示着后期股市将会改变原本上涨的走势，并出现大幅度的下跌行情。

（4）"顶背离"形态意味着行情上涨外强中干，是强烈的卖出信号，因此投资者在遇到"顶背离"的时候一定要加强警惕，及时布局减仓，才能避免损失。

（5）若MACD指标在短期内出现两次"底背离"，意味着股价会一跌再跌，下跌力度更强，那么投资者最佳的操作策略是及时清仓离场。

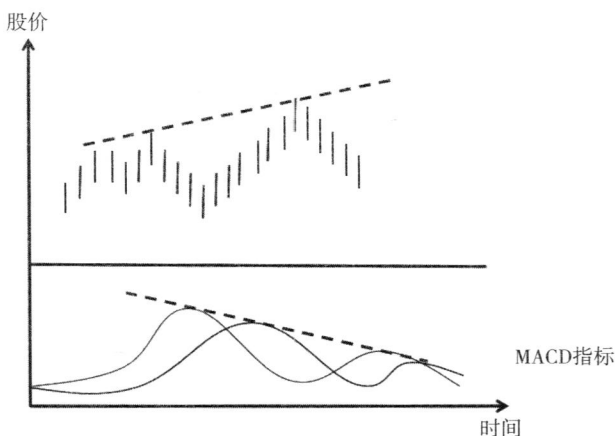

图7-10　"顶背离"示意图

▶**实盘精解**

华润三九（股票代码：000999）在2017年4月至7月期间股价不断创出新的高点，通过MACD指标的双线交点可以看出交点位置一次比一次低，因此可以判断出该股形成了"顶背离"的现象。2017年6月26日该股上涨到了一定的高点位置，此时股价最高为31.88元。"顶背离"形态构成后，后市股价开始出现下滑趋势，截止到2017年9月12日该股股价已经跌至27.15元。投资者若没有及时发现该现象，就可能遭到巨大的损失（如图7-11所示）。

图7-11 2017年4月至9月华润三九的K线图

## ※ 高手如是说

1.当MACD指标中形成了"底背离",意味着买方力量耗尽,此时股价破位形成的新低点通常都是陷阱,投资者如果因此清仓离场,便很容易损失一波上涨行情。

2.在实际的股市中"底背离"的形成并没有标准的形态,若是股价每次创造的低点位置基本持平,而MACD指标在0轴下方的交点维持着一底高于一底的态势,那么我们依然认为这种形态属于"底背离"。

3.倘若"顶背离"短期内多次出现,则意味着行情的下跌力度会更大,此时投资者不应该再抱有幻想,及时清仓离场才能避免造成更大的损失。

# 第四节 "双线合一"交易法

## » 形态识别

（1）"双线合一"交易法就是指在MACD指标中，DIFF指标线和DEA指标线在0轴下方发生黏合的现象。

（2）根据两条指标线黏合的不同位置，可以将"双线合一"分为三种类型，即"山谷底""安全区"以及"半山腰"。

## » 应对策略

（1）相对而言，"双线合一"具有较高的可信度。

（2）投资者不仅可以根据"双线合一"的特征进行选股，还可以将其作为股票分析的参考依据。

## 1."山谷底"

### ▶ 基础速读

（1）当DIFF指标线和DEA指标线在0轴下方较远的地方发生黏合时，如同夹在两山中的山谷深处，这种形态就是所谓的"山谷底"（如图7-12所示）。

（2）出现"山谷底"的个股，股价一般都处于相对的历史低点，后市行情将有较大的上涨空间。

（3）实战中，如果DIFF指标线和DEA指标线的张口朝上，就代表股价在后期较长的一段交易日内会出现大幅度的上涨行情。

（4）"山谷底"的出现可以被认为是一种介入信号，更适合散户进行中长线的投资和布局。

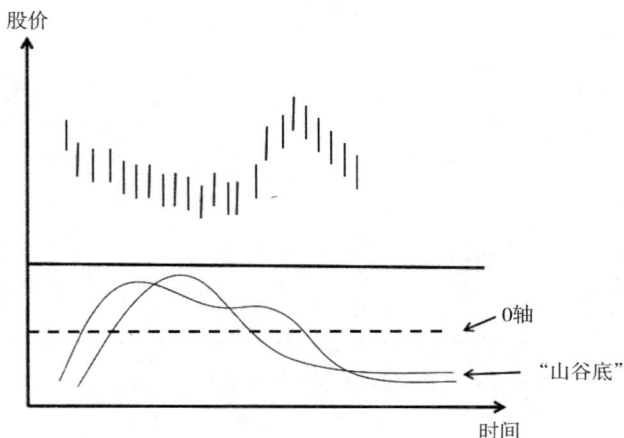

图7-12　"山谷底"示意图

▶ **实盘精解**

兰花科创（股票代码：600123）在一段下跌走势之后，其MACD指标在离0轴下方较远的地方发生黏合，形成"山谷底"的形态。形成"山谷底"的位置正好接近于该股的最低点位置，2017年5月24日该股最低价格为6.79元。从MACD指标中可以看出，DIFF指标线和DEA指标线在形成"山谷底"后开口依旧倾斜朝上，因此可以判定该股后市较长的一段时间都会保持上涨行情。从实际的盘面中，可以发现在之后的三个月中该股一直呈现上涨趋势，截止到2017年9月1日该股股价最高为10.68元，与之前的低点位置相比涨幅达到了57.29%。投资者若能及时发现"山谷底"这一形态，及时介入进行中长线的布局，就能获得丰厚的利益（如图7-13所示）。

图7-13　2017年5月至9月兰花科创的K线图

# 2.“安全区”

## ▶ 基础速读

（1）当DIFF指标线和DEA指标线重合的地方距离0轴十分近时，便可以将此时形成的“双线合一”形态称为“安全区”（如图7-14所示）。

（2）MACD中的指标线形成“安全区”，通常发生在行情小幅度上涨后的中途横盘位置，此时股价波动不会很大。

（3）若“安全区”形成后DIFF指标线和DEA指标线的开口向上，则意味着行情将会小幅度上涨，此时买卖双方力量差不多，在较量的过程中买方力量占优势，但其优势不太明显。

（4）对习惯布局短线的投资者而言，可以选择出现“安全区”现象的个股介入。很多保守型的投资者常将“安全区”视为介入信号，虽然后市股价的涨幅不大，获利略低，但风险相对也小。

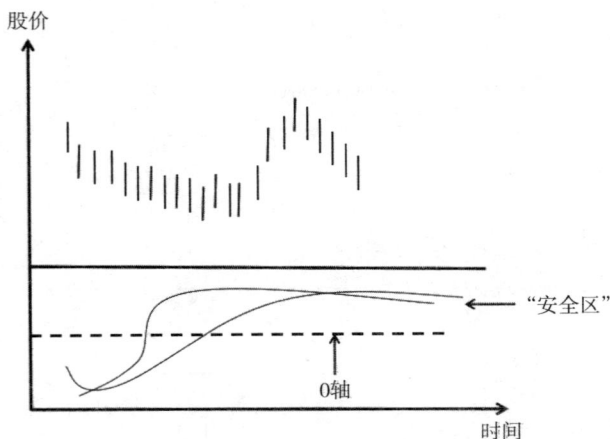

图7-14 "安全区"示意图

▶ **实盘精解**

通威股份（股票代码：600438）在2017年5月股价经过一段横盘后，DIFF指标线和DEA指标线出现"双线合一"的形态。从具体的盘面上看，此次两线重合发生在0轴附近，因此判断MACD两条指标线构成"安全区"。该指标形态的出现代表着后市将会出现时间较长、幅度较小的走势。从具体的盘面可以看出，"安全区"形成之后，股价波动幅度较小但整体的走势呈向上趋势。2017年7月28日该股的最高股价为6.52元，经过一个多月的走势，2017年9月12日该股股价已经涨到了9.08元，涨幅达39.26%。股价的上涨幅度不大，获利虽然较少，但是对于保守型的投资者来说风险也大大降低了（如图7-15所示）。

**图7-15　2017年5月至9月通威股份的K线图**

# 3.“半山腰”

▶ **基础速读**

（1）如果DIFF指标线与DEA指标线在0轴上方较远处双线重合，就构成了MACD的“半山腰”现象（如图7-16所示）。

（2）“半山腰”形成的位置比上文中所说的两种情况更高一些，该现象的形成表明多头经过“安全区”位置的时候已经积累了充足的上行力量，如果两条指标线形成的开口朝上，就意味着多头将会向空头发起猛烈的进攻，后市行情将有很大的涨幅，股价会在很短的时间内上升到高点位置。

（3）对于短线布局的投资者来说，“半山腰”型的个股绝对可以追击买入。

（4）与“安全区”截然不同的是，“半山腰”能给后市带来大幅度的上涨行情，但投资者获得较大利益空间的同时也将面临巨大的风险。因为一旦买方力量衰退，空方就会趁机发起反攻，导致股价下滑。

（5）如果投资者想通过"半山腰"进行套利，就需要以超短线的布局手法抓住该形态的上涨行情，并在获利之后快速撤出。快进快出的操作才能抓住获利，避免损失。

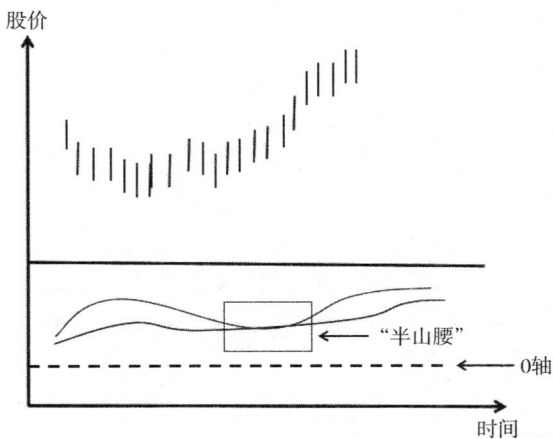

图7-16　"半山腰"示意图

▶ **实盘精解**

龙溪股份（股票代码：600592）在一段小幅上涨的过程中，其MACD指标出现了"双线合一"的状况，此次两线重合的位置在0.5轴附近，离0轴位置较远，因此判断此次"双线合一"形成了"半山腰"。从盘面上可以看出出现该形态后股价大幅度上涨，2017年1月16日该股的最高股价为14.02元，到2017年3月28日该股的最高价格已经涨到了20.30元。若投资者及时进入该股进行短线布局，就能抓住一波涨幅44.79%的上涨行情（如图7-17所示）。

图7-17　2017年1月至4月龙溪股份的K线图

## ※ 高手如是说

1.通常情况下，MACD"双线合一"形成"山谷底"型的个股更适合布局中长线的股民进行投资，而对于短线投资者来说，可以选择"山谷底"或者"安全区"这两种"双线合一"的个股进行投资。若是想要追求较快的盈利，短线投资者也可以用超短线的布局手法来追击"半山腰"型的个股，但需要注意的是高收益往往伴随着高风险。

2.当个股出现MACD"双线合一"时，意味着该股将会发生正面突破，此时投资者最正确的操作策略就是场外观望，待指标线张口开始向上延长时再进入。

3.投资者应该清楚，MACD"双线合一"时通常行情上涨的力量都很强，可是一旦股价出现下跌，那么下滑力度同样也很大。

第八章

# KDJ交易法

　　KDJ指标是比较新颖和实用的一种股市技术分析工具，最初起源于期货市场，后来被延伸应用到了股市中。KDJ指标又称随机指标，具有便捷、简单、高准确率的优点。对于做大波段趋势分析的投资者来说，使用KDJ指标是最合适的，该指标可以提示股民哪个位置适合逢低吸入。总而言之，正确地使用KDJ指标可以帮助投资者在股市中收获盈利。

# 第一节 时间参数与取值范围

## » 形态识别

（1）使用KDJ指标，实际上是根据指标的取值范围来找到最佳的买卖点位置。

（2）通常情况下，K指标与D指标的取值永远介于0至100这个范围中，而在具体应用的过程中我们取值分为三段，构成三个不同的区域，即超买区、超卖区以及平衡区。在不同区域内出现的指标形态有其特殊的意义和市场价值。

## » 应对策略

（1）当KDJ指标移动到超卖区时，建议投资者入场建仓或加仓。

（2）当KDJ指标移动到超买区时，建议投资者清仓离场，避免损失加大。

（3）当KDJ指标移动到平衡区时，建议投资者按兵不动，持币或持股待变。

## 1. 将KDJ指标时间参数设为9天时

### ▶ 基础速读

（1）将KDJ指标默认的常用时间参数设为9天（如图8-1所示）。

（2）通常，以9天为时间参数时，数值在70以上称为超买区、数值在30以下是超卖区、数值在30~70这一范围内的为平衡区。

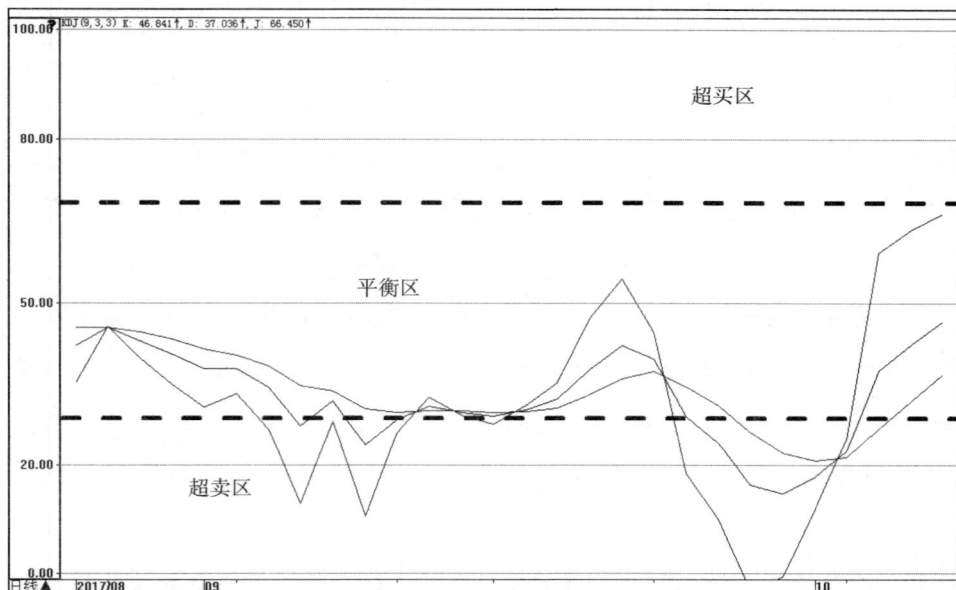

**图8-1 参数设置为9天时的KDJ指标区域划分示意图**

（3）当KDJ指标位于超卖区时，代表着强烈的介入信号。

（4）当KDJ指标位于超买区时，则是卖出信号。

（5）50为多空市场的分界线，当KDJ的三个数值位于50以上时，此时的市场表现为多头市场，50便成为支持线；若数值都在50以下，则表现为空头市场，50变成压力线，行情将有下跌的趋势。

（6）单拿指标中的K值来说，当K值接近于0时，即数值接近于超卖区范围的极端时，此时变为弱势行情。K指标将会回升到20~25的范围内，随后便再次被拉回。这样的回抽过程大多会耗费两个以上的时间段，时间段的单位可以是天、周甚至是月。等到回抽被确认后，行情极有可能会出现小轮的快速反弹，勇于冒险的投资者可以选择这个时候介入。

（7）在实际的应用中，为了增加操作的准确性、避免风险，我们可以将D指标的取值作为参考依据。这是由于D指标的反应比K指标慢，所以更加可靠。若D指标的取值在10~15，则可将其视为最佳买入信号。

▶**实盘精解**

双鹭药业（股票代码：002038）于2017年5月份期间KDJ指标一段时间内在20附近徘徊。KDJ指标的时间参数设置为9天，判断指标位于超卖区域，代表着强烈的买入信号。同时观察D值可以发现，D值的波动范围在10~15，综合以上结论，可以认定此次的买入信号强烈且可靠。

从具体的股价走势上可以看出，当KDJ指标在超卖区位置时行情下跌，并在2017年5月11日到达相对低点位置，此时股价最低为23.15元。随后行情发生反弹，开始不断上涨，到了2017年6月30日该股股价最高为29.31元，与5月11日的低点位置相比较涨幅达到了26.60%，此时观察KDJ指标可以发现，指标进入到了超买区域，代表着卖出信号。若投资者能在KDJ指标进入超卖区的时候及时介入该股，并在KDJ指标运行在超买区的时候及时抛售，那么就能抓住中间这段上涨行情（如图8-2所示）。

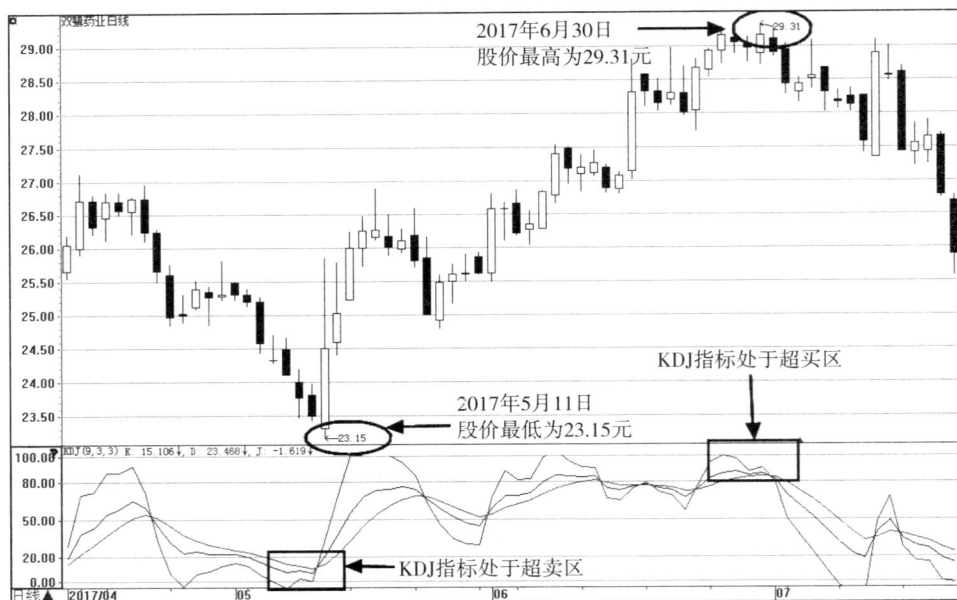

图8-2　2017年4月至7月双鹭药业的K线图

## 2. 将 KDJ 时间参数设置为 5 天时

▶ **基础速读**

（1）若是将KDJ的时间参数改为5天，那么所对应的三个区域的范围也将有所变化。通常将80以上的区域称为超买区，低于20的是超卖区，位于20~80的是平衡区（如图8-3所示）。

（2）将KDJ的时间参数定为5天或9天最大的区别就在于三个区域的取值范围不同，除此之外判断依据和用法相似。例如，在时间参数为5天的KDJ指标中，超卖区同样代表着强烈的介入信号。

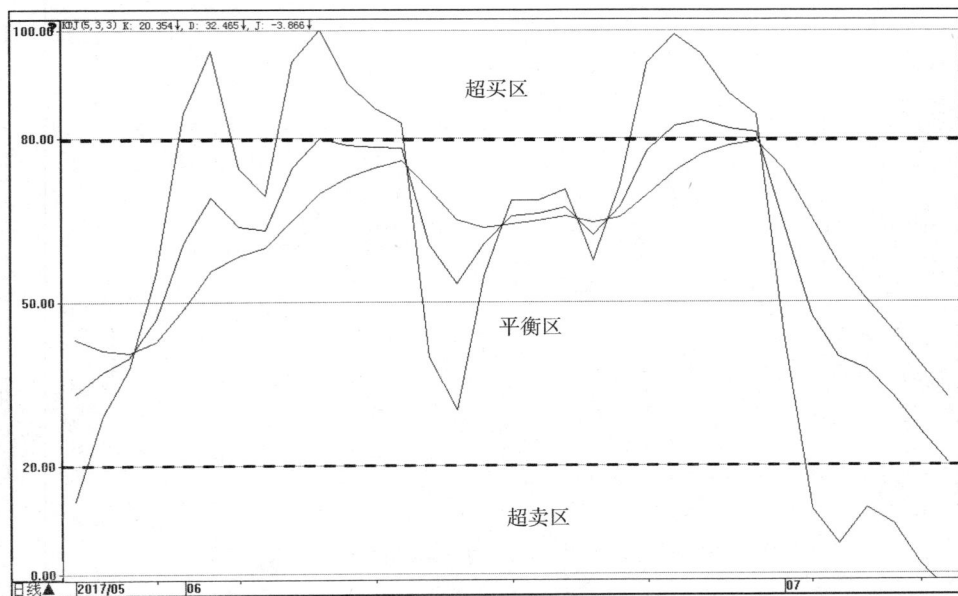

图8-3　时间参数设置为5天时的KDJ指标区域划分示意图

▶ **实盘精解**

寒锐钴业（股票代码：300618）于2017年3月6日开始上市，连续的涨停板后该股开始出现下跌的趋势。到了4月份，该股的KDJ指标在20以下运行，由于KDJ指标时间参数设置为5天，因此判断这一区域属于超卖区，同时D值在10~15运行，买入信号可靠。从股价走势上可以看出，KDJ指标处于超卖区范围时，股价于2017年4月24日下跌到低点位置，此时股价为68.30元，随后行情不断攀升，截止到2017年9月20日该股上涨到199.00元，股价运行的过程中KDJ指标也不断向上运行，脱离超卖区运行至超买区。和之前68.30元的底部价格相比较，该股上涨幅度达到了191.36%。投资者若能及时发现这一行情，在4月24日股价位于超卖区的时候及时介入，在超买区的时候及时撤离，就能获得丰厚的盈利（如图8-4所示）。

图8-4　2017年4月至9月寒锐钴业的K线图

## ※ **高手如是说**

随机指标主要利用时间作为参数，通常情况下设置为9天，选值越长，分析行情的可信度就越高。对于一些主要进行短期波动分析的股民来说，可以将时间参数设置为5天，根据自己的布局习惯选择合适的时间参数，选取不适合的时间参数将导致KDJ指标迟钝，进而影响到技术分析的结果。

# 第二节　形态掘金术

## » 形态识别

（1）KDJ指标和前文提过的K线一样，具有不同的组合形态，指标线与指标线之间构成的形态往往具有特殊的意义。

（2）之前在K线形态的解说中我们了解到圆底、圆顶等，这些形态在KDJ指标中也有类似的存在，若投资者能熟练掌握这些形态，便能知晓如何利用KDJ指标进行买卖交易。

## » 应对策略

（1）当KDJ指标中出现圆底的形状时，投资者可以考虑建仓或者加仓。

（2）当KDJ指标中出现类似英文字母"W"的形状时，也是较为强烈的买入信号。

（3）当KDJ指标中出现了圆顶的形状时，股价看跌，建议投资者清仓离场。

（4）当KDJ指标中出现类似于英文字母"M"的形状时，建议投资者逢高卖出，尽早离场，因为股价即将进入跌势。

# 1."圆底"

▶ **基础速读**

（1）当KDJ指标三线的走势大致相同，如同开口向上的碗状时，我们称该形态为圆底形（如图8-5所示）。

（2）"圆底"形态的KDJ指标大多代表着行情快要见底。

（3）KDJ指标呈现"圆底"形态，通常将其视为买进信号。

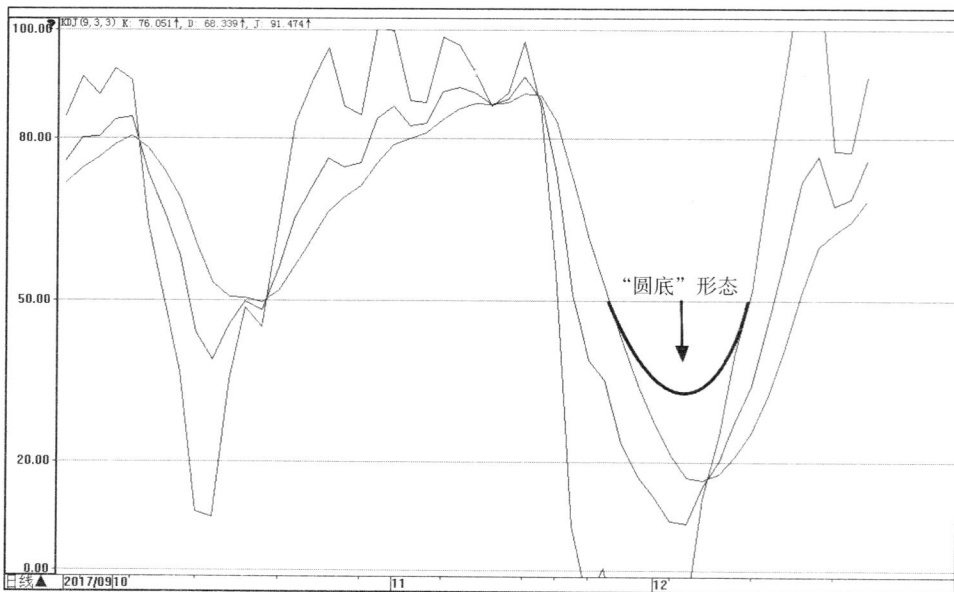

图8-5 "圆底"形态示意图

▶ **实盘精解**

英力特（股票代码：000635）的KDJ指标在2017年5月至6月期间在超卖区构成了"圆底"形。出现这一形态意味着该股将要见底，是典型的买入信号。结合股价走势可以看到，2017年5月24日该股下跌至13.68元，是相对低点的位置，随后股价反弹并缓慢回升，截止到2017年8月4日该股股价上涨至

22.56元。和低点13.68元的位置相比，该股股价上涨幅度达到了64.91%（如图8-6所示）。

图8-6　2017年4月至8月英力特的K线图

## 2."W 底"

▶ 基础速读

（1）KDJ指标线运行到一定的高区域时便开始向下运行（如图8-7所示）。

（2）随后KDJ指标回升，上升幅度一般较小，指标线还未触及前一高位时便又出现回落，如同一座小山峰一样。

（3）KDJ指标再次上行，最终构成了字母"W"式的形态，这就是所谓的"W底"。

（4）在股市中，"双W底"是较常见且经典的一种反转形态。一般情况下，当KDJ指标构成"W底"形态时，代表着原本下跌的行情即将被打破，后市将会有上涨行情。

（5）当KDJ指标形成"W底"时，代表股价将会发生反转，投资者可以将其视为买入信号。若股价之前已经持续下跌了一段时间，那么该信号就更可靠。

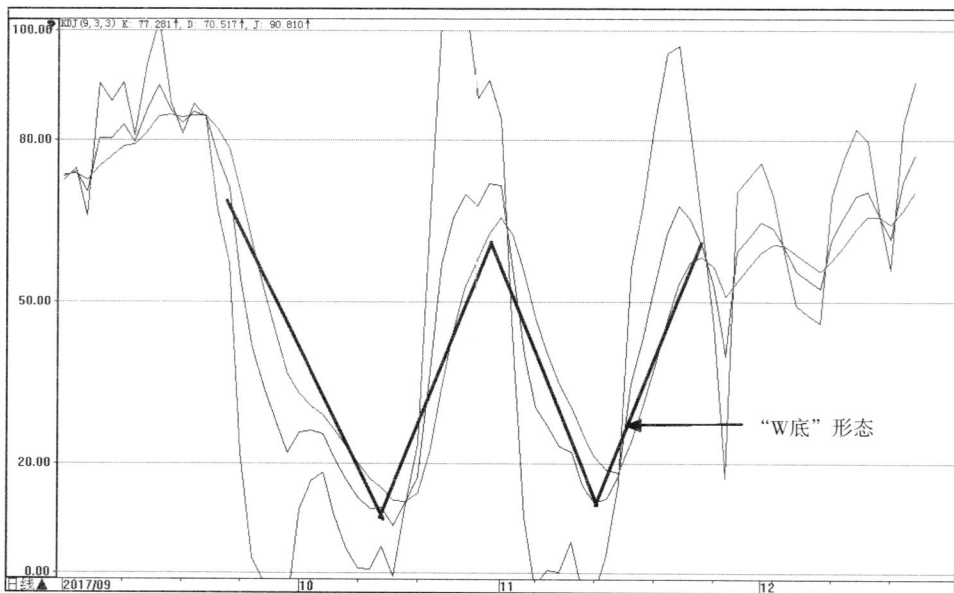

图8-7 "W底"形态示意图

▶ 实盘精解

四维图新（股票代码：002405）于2017年5月至6月期间KDJ指标构成了"W底"的形态。通常情况下，形成"W底"形态意味着后市股价将要见底或者达到阶段性的低点位置。从实际的股价走势中可以看出，KDJ指标形成"W底"形态后，该股于2017年6月2日达到了最低点，此时股价跌至16.12元。形态构建完成后行情开始高走回升，截止到2017年8月21日股价已经上涨到26.57元，上涨幅度达到64.82%（如图8-8所示）。

图8-8　2017年4月至8月四维图新的K线图

## 3. "圆顶"

▶ **基础速读**

（1）"圆顶"形态是指KDJ指标线整体走势如同倒扣的碗状（如图8-9所示）。

（2）KDJ指标构成"圆顶"形态一般代表着行情将要见顶，后市行情可能会下跌。

（3）当KDJ指标构成"圆顶"形态时，投资者可以认为是一种卖出信号。

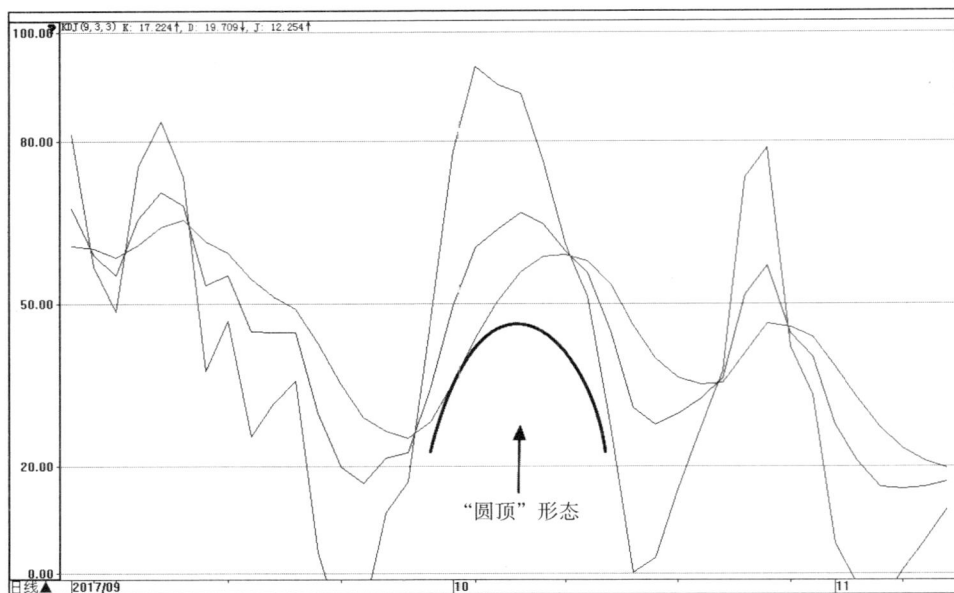

图8-9 "圆顶"形态示意图

▶ **实盘精解**

2017年2月至3月期间，同益股份（股票代码：300538）股价不断上涨，于2017年3月24日股价到达最高点75.37元，通过观察KDJ指标可以发现，该指标在80附近的超买区形成了一个"圆顶"形态。"圆顶"形态构成后股价开始出现大幅下跌，截止到7月24日股价下跌至37.06元（如图8-10所示）。

图8-10　2017年2月至8月同益股份的K线图

# 4."M顶"

► **基础速读**

（1）KDJ指标在底部缓慢运行后整体趋势开始向上运行。

（2）运行到一定高度后KDJ指标转头向下运行，但下行幅度较小，在还未触及历史低点位置的时候再次转头向上运行。

（3）当KDJ指标又一次回落时便完成了形态的构建，KDJ指标的运行轨迹像极了字母"M"，因此又称为"M顶"形态（如图8-11所示）。

（4）"M顶"在股市中是比较常见的反转形态。构成"M顶"形态，通常代表着行情将由上涨转变为下跌。

（5）投资者可以将"M顶"形态视为一种卖出信号，当KDJ指标构成"M顶"时，往往意味着走势将要见顶，后市行情会发生反转。

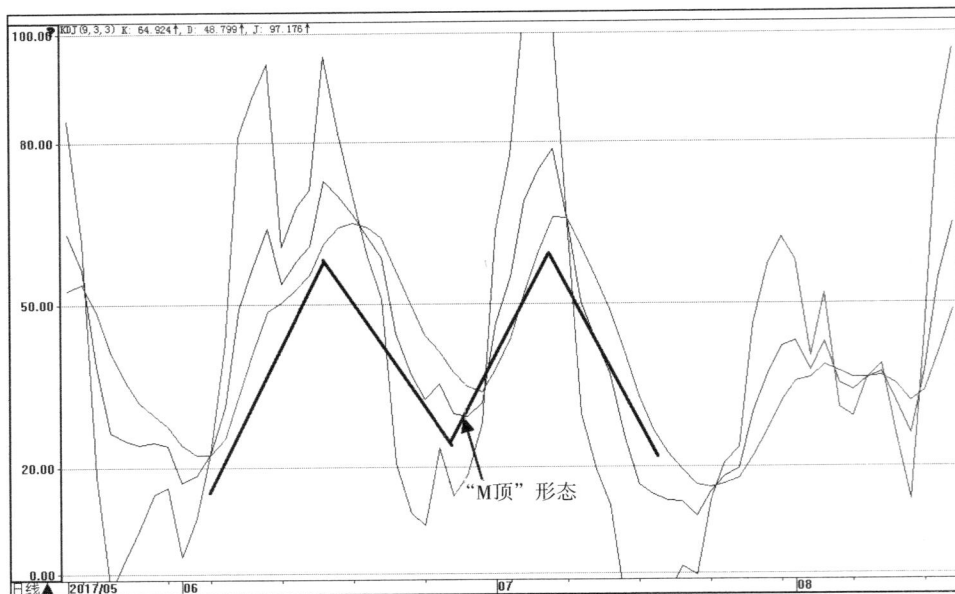

图8-11 "M顶"形态示意图

▶ **实盘精解**

特一药业（股票代码：002728）经历了一段上涨行情后，股价被推到了较高的位置，2017年3月20日该股形成相对高点，此时股价最高为39.98元。观察其KDJ指标的走势可以发现，此时KDJ指标构成了一个"M顶"形态。反观股价走势，"M顶"形成后股价开始出现大幅度下跌，截止到2017年5月24日该股的最低价格为19.34元，期间下跌幅度达到了51.63%。若投资者不能及时发现这一形态，那么将遭受重大的损失（如图8-12所示）。

**图8-12 2017年1月至7月特一药业的K线图**

## ※ 高手如是说

1.KDJ指标构成的各种形态并没有固定的位置，无论是什么样的位置形成见顶或见底的形态，投资者都应该根据具体的情况进行合理的布局操作。

2.通常情况下，当KDJ指标在超卖区或者超买区中构成见底或见顶形态时，其发出的信号更强烈且可信度更高，相比较而言在平衡区构成的见顶、见底形态可信度则低一些。

# 第三节  "K""D"交叉断涨跌

## » 形态识别

（1）KDJ指标中也存在着"黄金交叉"和"死亡交叉"等形态。

（2）通过判断KDJ指标中K指标与D指标的交叉情况可以帮助投资者判断行情的涨跌趋势。

（3）对于投资者而言，KDJ指标是预测后市行情的重要的技术分析工具。

## » 应对策略

（1）"黄金交叉"是较为强烈的买入信号，投资者们发现此现象后可以选择建仓或者加仓，等待股价上涨。

（2）"死亡交叉"是较为强烈的卖出信号，发现此现象建议投资者们清仓离场，避免出现损失。

## 1. "黄金交叉"

### ▶ 基础速读

（1）所谓的KDJ指标形成"黄金交叉"，实际上是K指标自下而上穿过D指标（如图8-13所示）。

（2）K指标与D指标形成"金叉"的位置越低，则意味着买进信号越强烈。

（3）K指标在D指标上升运行的过程中与之相交，往往比在D指标下降过程中相交时发出的信号更强烈，可信度也更高。

（4）两个指标相交的位置越低、次数越多，往往后面形成的"金叉"发出的信号更强烈。

（5）KDJ指标构成"黄金交叉"时并非每次都具备所有安全信号的条件，投资者应该根据不同的环境和行情并结合其他数据分析，才能准确地把握住良机。

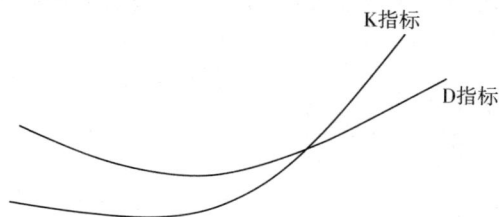

图8-13　KDJ指标形成"金叉"示意图

▶**实盘精解**

银河磁体（股票代码：300127）经过一段下跌行情后，2017年6月5日股价到达了相对低点的位置，此时股价最低价格为14.33元。反观KDJ指标可以发现，同一时间K指标自下而上穿过D指标，形成"金叉"，同时D指标已经开始向上运行。此次K指标与D指标形成"金叉"的位置较低，处于超卖区，因此发出的信号更加强烈。

图8-14　2017年5月至8月银河磁体的K线图

"金叉"形成后，股价出现大幅度上涨，截止到2017年8月10日，该股股价已经上涨到21.63元。如果投资者识别出了"金叉"形态并及时买进，就能吃到后市这波上涨幅度达50.94%的行情（如图8-14所示）。

## 2."死亡交叉"

▶ **基础速读**

（1）KDJ指标构成"死叉"，是指K指标从上向下与D指标相交（如图8-15所示）。

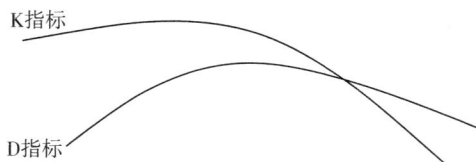

K指标

D指标

**图8-15　KDJ指标形成"死叉"示意图**

（2）大多数情况下，"死叉"出现在超买区域，代表着强烈的离场信号。

（3）和形成"金叉"一样，"死叉"出现的频次越多，信号的可信度也就越高。

（4）当K指标与D指标构成"死叉"，相交的位置处于超买区且相交的次数很多时，那么该形态发出的离场信号便十分强烈，可信度极高，此时投资者一定要提高警惕。

▶ **实盘精解**

科大智能（股票代码：300222）股价经过大幅上涨后，其KDJ指标在2017年3月17日出现"死叉"，此时股价最高为29.77元。该股形成"死叉"的位置处于高位的超买区，因此对后市股价的影响很强烈。"死叉"形成后，该股股价出现大幅度下跌，截止到2017年6月2日股价已经跌至18.42元，期间跌幅达到了38.13%。若投资者没有在"死叉"形成后及时撤离，便会遭受重大的损失（如图8-16所示）。

图8-16　2017年2月至6月科大智能的K线图

## ※ 高手如是说

1.KDJ指标中K指标与D指标相交形成"金叉"，代表着强烈的买进信号；反之，两指标相交形成"死叉"，则是一种离场信号。

2.投资者在分析"金叉"和"死叉"两种形态的构成时，需要注意该形态出现的具体位置，若在超卖区形成"金叉"，那么介入信号的强度更强；如果在超买区出现"死叉"，则代表着非常强烈的离场信号。

# 第四节　不可忽略的J指标

## 》 形态识别

（1）KDJ实际上是指三个不同的指标，上文中我们已经对K指标和D指标进行了分析。

（2）要想真正把握KDJ指标的动态变化，还应该对J指标有全面的了解。

## 》 应对策略

（1）当J线移动至0以下时为买入信号，投资者们可以进行建仓或加仓的操作。

（2）当J线移动至100以上时为卖出信号，建议投资者们尽快清仓离场。

## 1. J线移动至0线以下

### ▶基础速读

（1）J指标在某一段时间内在0线下方连续运行（如图8-17所示）。

（2）当J指标出现这种情况时，通常预示着行情将要见底或者下跌到相对低点。

（3）J指标连续在0线下方运行，对于投资者而言代表着买进信号。

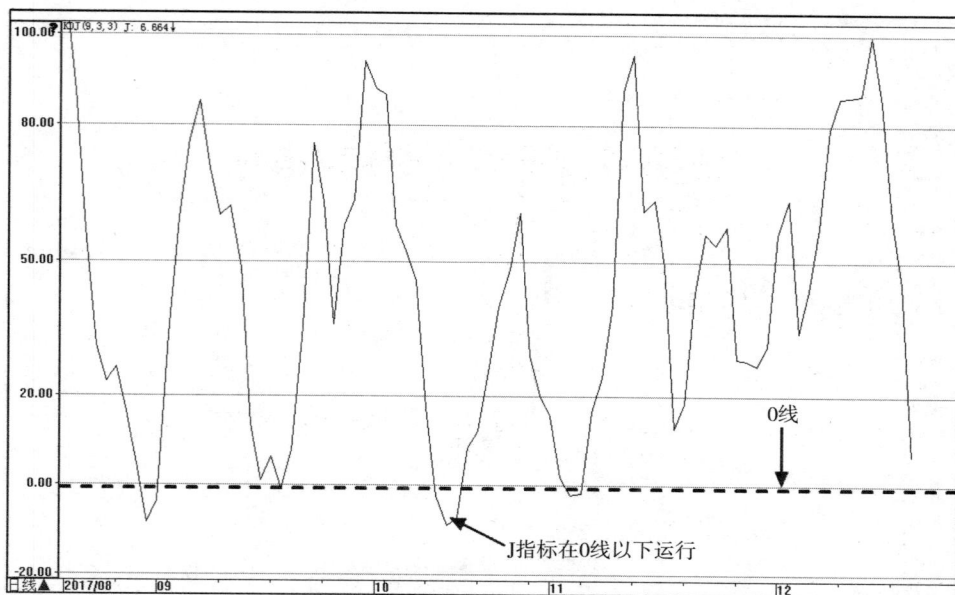

**图8-17　J指标连续下行在0线以下的示意图**

▶ **实盘精解**

凯普生物（股票代码：300639）的股价在2017年7月经过一段时间的下跌后，其KDJ指标中的J指标向下运行到0线以下，并在一段时间内持续向下，此时反观该股走势可以发现，当J指标在0线下方持续运行时股价也跌至相对低点位置，随后行情逐渐止跌。2017年7月25日，股价开始回升并出现小幅度的上涨。直到2017年8月18日该股的5日均线自下而上穿过30日均线，构成"金叉"，至此凯普生物完成了底部构建，后市行情即将企稳回暖（如图8-18所示）。

图8-18　2017年6月至9月凯普生物的K线图

# 2. J 线移动至 100 线以上

## ▶ 基础速读

（1）J指标位于100线上方并持续上行（如图8-19所示）。

（2）与J指标在0线下方持续下行的情况相反，当J指标在100线上方运行时，代表着行情即将见顶或者上涨到相对高点位置。

（3）投资者可以将这种情况视为卖出信号。

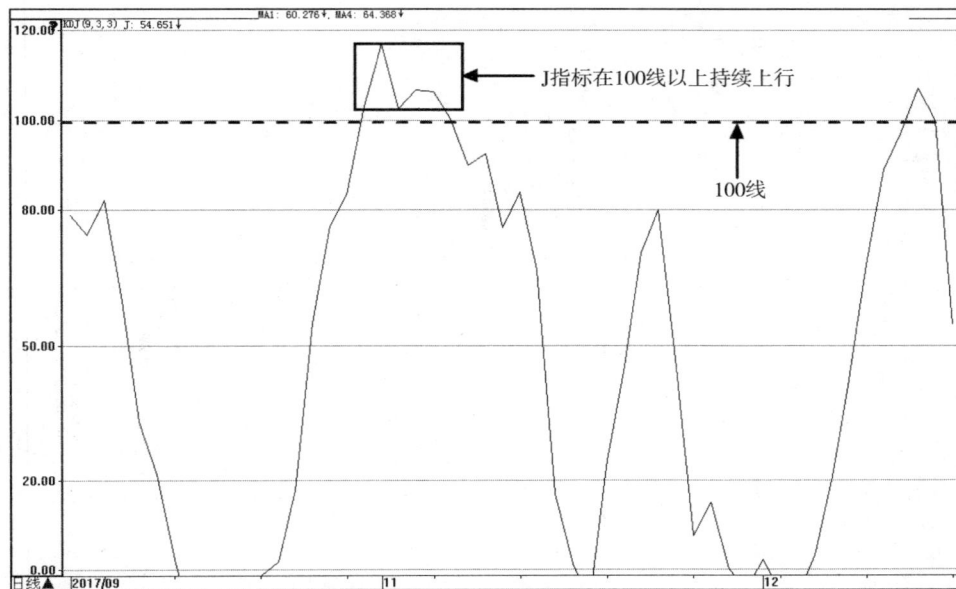

图8-19　J指标连续上行在100以上的示意图

▶ **实盘精解**

2017年2月到5月期间，远大智能（股票代码：002689）发生两次J指标在100线上方运行的情况，随后股价不断见顶。2017年3月22日该股以9.05元的最高价格见顶，此时J指标第一次在100线上方持续上行，随后股价开始下跌。在之后的交易日中J指标第二次运行到了100线上方，此时股价处于下跌反弹的走势，但反弹受到了J指标的阻挡，股价便又继续下跌。到2017年6月2日该股股价已经下跌至5.80元，期间跌幅达到35.91%（如图8-20所示）。

图8-20　2017年3月至6月远大智能的K线图

## ※ 高手如是说

1.J指标在0线下方连续下行，此时若能同时配合5日移动平均线或者30日移动平均线等其他均线进行综合的技术分析，那么投资者就能准确地分析出行情的底部区域，并及时进行逢低买进的操作。

2.J指标连续在100线上方运行往往代表行情即将见顶，随时有转势下跌的可能，面对这样的情况投资者最好选择在场外观望，才能避免损失。

第九章

# 其他指标交易法

对于投资者而言，想在股市中获取一番收益，就需要拥有一定的分析能力。通常对股票的分析方法主要分为技术分析、基本分析、演化分析三种。其中，技术分析是应用最普遍的，它能帮助投资者预测股价未来的趋势变化，为股票买卖提供参考。因此，股民需要熟练地掌握各种技术指标的特点和作用，才能在实战中正确运用。

# 第一节　宝塔线交易法

## 》　形态识别

（1）宝塔线就是我们在盘面上看到的TOWER（TWR）指标。

（2）该指标主要通过不同颜色的棒线或者虚实体来区分行情的上涨或下跌，主要应用于个股分析。

（3）通常情况下，用红色的柱状表示股价上涨，绿色的柱状用来表示股价下跌。在实际的投资软件中，常使用白色空心柱代表上涨，黑色实体柱代表下跌。

（4）宝塔线对于很多做中长线的股民进行技术分析具有重要的作用。

（5）宝塔线同样也是应用了趋势线的作用，借助对该指标的研究和分析可以帮助投资者判断未来行情的发展方向。

## 》　应对策略

（1）趋势中不同状态的黑白柱往往会传达出不同的技术含义。

（2）通常情况下，当黑色柱体进入翻白状态后，意味着股价可能要上涨，此时投资者可以选择适当介入。

（3）相反，当白色柱体进入翻黑状态时，则代表卖出信号，意味着后市股价可能会下跌，投资者应该提高警惕。

（4）当较长黑色柱体出现在高位盘整区域时，通常代表着股价将迎来一波大幅度的下跌行情，投资者应该及时清仓，才能避免重大的损失。

（5）在低位盘整的过程中出现较长的白色柱体，代表后市将迎来一波新的上涨行情，投资者可以买入，等待行情上涨。

（6）需要引起注意的是，宝塔线虽然具备"筛选"功能，但是仍然不能避免做局现象的出现。

（7）对宝塔线的分析可以结合K线等其他技术指标来进行，这样不仅能提高分析的准确性，还能增加信号的可信度。

## 宝塔线

### ▶ 基础速读

（1）股民在技术分析过程中常常会用到宝塔线指标（如图9-1所示）。

图9-1　宝塔线示意图

（2）当宝塔线的黑色柱体开始翻白时，代表后市可能会出现一段上涨走势，投资者可以将其认为是买进信号，尝试介入其中。

（3）当宝塔线柱体翻黑后，通常意味着后市行情可能会延伸出一段下跌走势，此时便是卖出信号。

（4）当股价在高位区盘整，并且出现很长的黑线柱体在往下突破盘整区域时，往往说明高位盘整的阶段即将结束，后市可能会迎来一波幅度大、持续时间较长的下跌行情，此时投资者应该及时抛售手中持股，在场外观望。

（5）通常情况下，股价处于盘整区域时常常会维持小幅翻黑或者翻白的状态，只要盘整的区域没有被突破，那么投资者在遇到这样的现象时就可以选择忽视。

（6）一般情况下，我们将宝塔线指标的时间参数设置为三天或者五天，倘若收盘价要比前三天或前五天的最高价还高时，便可将这种情况视为强烈的买入信号。

（7）相反，若是收盘价比前三天或者前五天的最低价还要低，则将其视为卖出信号。

▶ **实盘精解**

美尔雅（股票代码：600107）经过一段下跌行情后，宝塔线在一段时间内持续出现黑色棒线，随后股价开始进入一段时间的横盘整理，整理后宝塔线翻白，此时为买进信号，从具体的走势中可以看到后市股价开始一路上涨。当行情上涨到一定高度时宝塔线翻黑，此时为卖出信号，投资者应该及时抛售持股，选择场外观望。股价下跌到一定低点后，DIFF指标线由下向上穿过DEA指标线形成"金叉"，随后股价开始出现缓慢的回升（如图9-2所示）。

图9-2　2017年4月至9月美尔雅的K线图

## ※ 高手如是说

1.宝塔线通常利用两种不同的颜色来区别股价的涨跌，当宝塔线出现翻白时代表着买进信号，当宝塔线出现翻黑的情况时则代表着卖出信号。

2.宝塔线不能完全杜绝做局现象，所以，在实战中投资者可以选择将宝塔线分析工具与其他技术指标进行结合，这样更能增加分析结果的准确性，同时也加强了信号的可信度。

# 第二节  能量潮交易法

## » 形态识别

（1）对股市进行技术分析主要通过四个要素来判断，即价、量、时、空，能量潮是以成交量为突破方向，通过对成交量的变动趋势分析来预测行情未来的走势。

（2）能量潮是美国分析专家提出来的，简称为OBV指标。

（3）通过对能量潮进行分析，投资者可以判断出股价突破盘局后的基本方向，以及局部市场中资金量的变动方向。

（4）该指标对于投资者具有重要的参考价值。

## » 应对策略

（1）股价与能量潮成相反走势，即股价下跌能量潮反而上涨时，投资者可以将其视为买入信号；相反，股价上涨能量潮下跌时，则为卖出信号。

（2）股价与能量潮同步上涨，后市行情继续看涨。

（3）通常情况下，股价在底部横盘过程中突然出现能量潮也属于看涨信号。

## 能量潮指标

### ▶ 基础速读

（1）OBV指标具体表现为以"N"字形为波动单位，其曲线图由许许多

多个 "N" 形波动共同组成（如图9-3所示）。

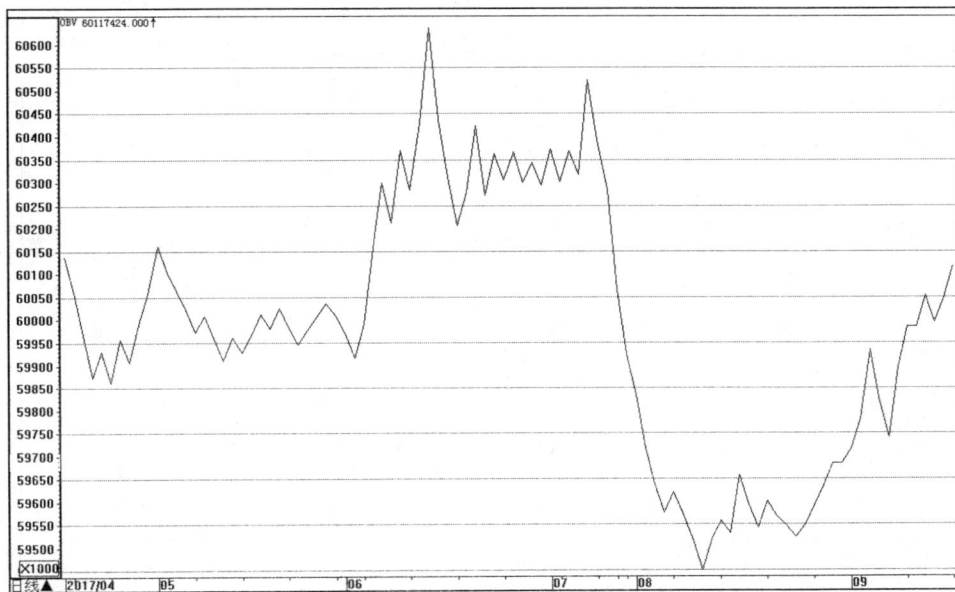

图9-3　能量潮示意图

（2）在能量潮指标具体波动的过程中，我们将一浪比一浪高的 "N" 字形波动趋势统称为 "上升潮"，将上升潮过程中出现的下滑态势称为 "跌潮"。

（3）当股价出现下跌而OBV指标线反而上升时，表示买盘力量比较强大，股价有可能止跌回涨，可以将其视为买入信号。

（4）当股价上涨且OBV指标同步出现缓慢上升的情况时，表明市场中持仓兴趣在不断增加，是一个价升量增的看涨信号。

（5）能量潮指标突破底部横盘区域并突然向上时，可以看作是买进信号。

（6）当股价不断上升而OBV指标线下降时，意味着买盘力量不足，可将其视为卖出信号。

（7）能量潮指标线缓慢向上，表明买方力量在不断加强，可视为买进信号。若能量潮指标线出现急速上升的情况，则代表力量即将耗尽，是卖出信号。

▶**实盘精解**

2017年5月，凯乐科技（股票代码：600260）在股价下跌的同时能量潮却呈现出缓慢上升的态势，这代表着强烈的买入信号。2017年5月11日该股股价跌至17.78元，随后股价一路高涨，截止到2017年9月13日股价上涨到35.01元，期间上涨幅度达到了96.91%（如图9-4所示）。

图9-4　2017年5月至9月凯乐科技的K线图

华资实业（股票代码：600191）于2017年5月至7月股价和能量潮出现同步缓慢上升的现象。股价与成交量之间相互配合，是一个价升量增的看涨信号。从盘面上可以看出，该股在这段时间内虽有小幅度的波动，但并不影响整体的上涨趋势。2017年6月2日该股到达了一个相对低点的位置，此时股价为8.30元，随后经过一波上涨行情后，于7月26日该股上涨到最高点18.33元的位置，此次涨幅达到了120.84%（如图9-5所示）。

图9-5　2017年5月至7月华资实业的K线图

## ※ 高手如是说

能量潮指标的使用规则虽然很简单，但需要投资者注意的是，该指标的使用范围更偏向于中、短期操作进出，而不适合做长线布局的股民。通常情况下，单独分析OBV指标线的变化基本上是毫无意义的，一定要配合股价的趋势变化，才能发挥出实际有效的价值。

# 第三节　威廉指标交易法

## » 形态识别

（1）威廉（W&R）指标又可称为威廉超买超卖指数，该指标主要用于研究股价的波动变化。

（2）通过分析股价形成的峰和谷来判断出最佳的买卖时机，利用行情的震荡点来判断目前市场的状态是处于超买状态还是超卖状态。

（3）和我们之前提到过的指标一样，威廉指标同样适用于周期的分析。但需要注意的是，使用该指标进行计算的时候一定要先设定好计算参数，通常情况下，所选的买卖循环周期大多为任意一个买卖周期的半数。

（4）在实际的操作分析中，大多以六天或十天为周期参数。

（5）对于投资者而言，若是能够准确地知道市场属于买卖双方中的哪一方，就能做出正确的布局，为了达到这样的效果，便需要熟练运用威廉指标交易法。

## » 应对策略

（1）短期威廉指标线高于长期威廉指标线，代表此时为多头市场；相反则代表空头市场。

（2）威廉指标线也有相交的时候，即形成所谓的"金叉"与"死叉"，出现"金叉"可以视为买入信号，出现"死叉"则视为卖出信号。

## 威廉指标

▶ **基础速读**

（1）威廉指标通常由短期指标线和长期指标线构成（如图9-6所示）。

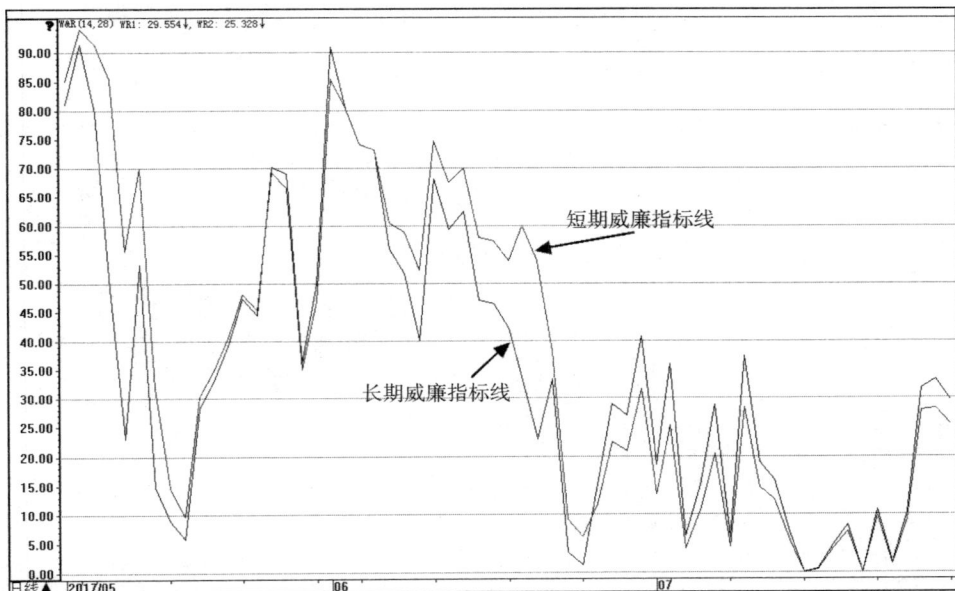

图9-6 威廉指标示意图

（2）当处于低位的短期威廉指标线自下而上穿过长期威廉指标线时，此时威廉指标便形成了"黄金交叉"，倘若形成"黄金交叉"后长短两条威廉指标线同步朝上运行，便意味着后市股价继续上涨，投资者可以将这个现象认为是买入信号。

（3）当处在高位区的短期威廉指标线自上而下穿过长期威廉指标线时，则形成了所谓的"死亡交叉"，在"死叉"形成后两条曲线的运行方向同时朝下，说明行情还会继续下跌，代表着卖出信号。

▶**实盘精解**

2017年6月19日，鄂尔多斯（股票代码：600295）的威廉指标线出现相交的情况，短期威廉指标线处于低位，自下而上穿过了长期威廉指标线，形成了"黄金交叉"，此时股价最高为9.65元。两条指标线相交后同时向上运行，随后该股持续上涨，截止到2017年8月22日该股股价已经上涨到20.90元，期间股价上涨幅度达到了116.58%（如图9-7所示）。

图9-7　2017年6月至8月鄂尔多斯的K线图

2017年5月26日，空港股份（股票代码：600463）的股价上涨到了相对高位，此时股价最高为21.75元，随后股价开始下跌，在下跌的过程中发现在威廉指标曲线图中，短期威廉指标线自上而下穿过长期威廉指标线，形成"死亡交叉"，这一现象预示着后市行情仍会持续下跌。截止到7月18日股价已经下跌至14.50元，跌幅达到了33.33%（如图9-8所示）。

**图9-8　2017年5月至8月空港股份的K线图**

## ※ 高手如是说

1.威廉指标虽然能为投资者提供重要的参考价值，但是该指标更适合做短线投资的股民运用。

2.威廉指标在单一周期发出买卖信号的可信度较弱，处于不同周期的威廉指标共同发出的买卖信号可信度往往更强。

# 第四节  多空指标交易法

## » 形态识别

（1）多空指标属于均线型指标，该指标实际上是将不同天数的移动平均线进行加权平均后形成的一种综合性的指标。

（2）上面的章节中我们已经讨论过移动平均线的使用技巧和价值，但是在实战应用中，投资者往往喜欢根据自己个人的偏好进行参数值的设定，而利用多空指标正好可以解决投资者对移动平均线长短问题的顾虑。

（3）多空指标可简称为BBI指标，是一种更直观的、更准确的分析工具，它既整合了移动平均线的优点，又改进了移动平均线的缺点。

（4）由于多空指标是在移动平均线的基础上产生的，因此在使用方法上与均线有着相似之处。

（5）对于投资者而言，多空指标属于辅助性的工具，若能熟练地掌握该指标的使用法则，同时结合其他指标的应用，就能增加判断的准确性，最大限度地降低投资风险。

## » 应对策略

（1）若股价在多空指标线上方运行，多数情况下代表着该股目前处于多头市场。

（2）若行情回落但始终处于多空指标线上方，则后市股价可能会开启一波上涨行情，投资者可适当地进行加仓，在场外观望的股民也可以试探性地进场。

（3）当股价跌落到多空指标线的下方，指标线也呈现下滑态势时，意味着后市行情看跌，此时投资者应该及时减仓或者清仓离场。

## 多空指标线

▶ **基础速读**

（1）多空指标线属于统计性质的指标线（如图9-9所示）。

图9-9　多空指标线示意图

（2）当股价运行到多空指标线的上方，同时多空指标线不断上升起到助涨的作用时，便意味着该股目前处于多头市场的状态，倘若股价出现回落但仍有多空指标线的支持，那么后市将有望开启一段上涨行情，此时投资者可以继续持股，场外的股民可以选择试探性地进入。

（3）相反，若股价运行到多空指标线之下且多空指标线呈现下滑态势，那么就意味着此时是空头控制市场，后市股价可能开启下跌行情，面对这样的情况投资者应该及时布局减仓或清仓。

▶ **实盘精解**

五矿稀土（股票代码：000831）的股价经过一段下跌后到达较低点位置，随后行情在底部短暂地波动。2017年6月16日该股股价突然向上突破多空指标线，此时股价最高为10.67元。在获得多空指标线的支持后，股价开始一路上涨，截止到8月8日该股已经上涨至17.76元，期间上涨幅度达到66.45%。投资者若能把握这一行情，那么将获得丰厚的收益（如图9-10所示）。

图9-10　2017年4月至8月五矿稀土的K线图

2017年2月期间，综艺股份（股票代码：600770）的股价在高位运行一段时间后，于3月9日跌穿多空指标线，此时股价最高为10.07元。股价跌穿多空指标线，代表着此时空头力量控制局面。

这一现象产生后，行情开始下跌，截止到2017年5月24日股价已经跌至6.83元。期间股价虽然有反弹，但并不影响整体下跌走势。若投资者没有在股价跌穿多空指标线的时候及时清仓离场，就会遭受跌幅为32.17%的损失（如图9-11所示）。

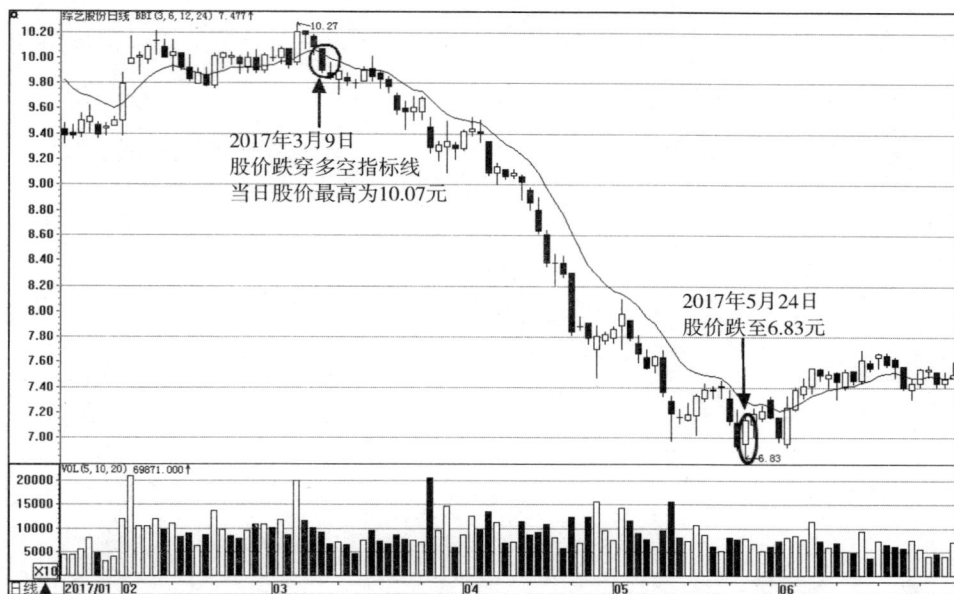

图9-11　2017年1月至6月综艺股份的K线图

## ※ 高手如是说

当股价上穿并突破多空指标线时，透视股价会在偏离多空指标线较远的位置运行。在这样的条件下，若在下一个交易日中股价有回抽迹象，那么即便股价在多空指标线上方运行，行情也有可能出现弱势。只要在股价回调过程中成交量同步减少，投资者就可以在首次回调的时候选择逢低进场的操作策略。